あ、これならわかる自分史の書き方

エッセイスト
内藤洋子

はじめに

はじめに

カルチャーセンターで自分史講座を受け持つようになって４年。

現在は２つの教室（栄中日文化センター・犬山中日文化センター）を持っています。

自分史を書こうという人たちは、特別な人たちではありません。年齢も職業も経歴も実にさまざまです。共通しているのは、書くことの大切さを知っている人、自分と自分を取り巻く人たちの人生を大切に思っている人、伝えたい何かを持っている人です。

「自分史」という言葉が知られるようになり、10年ほどが経ったでしょうか。以前は自叙伝とか自伝という呼び方をしていました。

自叙伝や自伝と言うと大げさな感じがするが、「自分史」なら書けそうな気がする―。

書くことに興味のある人たちが堰を切ったように書きはじめ、今や自費出版（自分で費用を出して出版すること）は、商業出版（出版元が費用を出し、本屋で販売する）に追いつくほどの作品数（発行部数ではありません）を世に送り出しています。

本屋には自分史作法を説く書物も並ぶようになり、著名作家、学者・研究者たちがそれぞれの視点で自分史を語っています。私も講座を持つようになってから、ずいぶんその類の本を買い求めました。

そうして気づいたことは、自分史を書きたいと思っている人たち、書きはじめたものの思うように筆が進まない人たちは、これまでの本に書かれている内容よりも、もっともっと素朴な疑問を抱えているということです。

そう言っては何ですが、指導書の著者自身が、自分史を書いているケースは非常に少ないように思います。私は今から11年前に自分史を書き、それがきっかけとなり文筆の世界に入りました。

教室で生徒さんの質問を受けるたび、私は本を書く前の自分を思い出します。

書きたい意欲はあっても始めの一歩がなかなか踏み出せない。

子供でもあるまいし、こんなことを聞くのは恥ずかしい。第一、誰に聞いていいのか分からない。

費用はどれぐらいかかるのだろう…。

生徒さんたちの疑問や悩みは、かつての私の悩みであり、自分史を書きたいと思っている多くの人たちの本音の悩みだと思うのです。ですからこの本には、そんな現場の生の声を、生徒さんのプライバシーを守りつつ、出来るかぎり忠実に再現しました。

私は大作家でも学者でもありません。ですが、今まさに自分史づくりの現場に身を置く者として、自分史を書きたい方のお役に立てるよう、この本を心をこめて書きました。

本書があなたの自分史執筆の良きナビゲーターとなりますことを、心から願っています。

もくじ

はじめに ……………………………………2

Part 1

自分史づくりのための心のウォーミングアップ ……7

自分史の意義と基本的な知識について学びます。
自分史には決められた形式はありませんが、
自分に合う書き方を見つけ、しっかりしたプランを立てることで、
執筆がはかどり、より良い作品が生まれます。

Part 2

ちょっとした書き方のコツ ……………………………93

自分史に決められた形式や書き方はありません。
ですが、発表を前提に書く文章は、
読み手が面白く読んでくれてこそ生きるもの。
読みやすく、まとまりもあり、
社会性もある自分史を書きたいものです。

付記

エッセイの書き方のポイント ……………………112

表紙デザイン　内藤理恵子
ライツアソシエイツ

編集・制作　ライツアソシエイツ
丹羽健二（デザインハウスクロップ）
海付真由美

イラストレーション　鈴木優一

Part 1

自分史づくりのための心のウォーミングアップ

自分史の意義と基本的な知識について学びます。
自分史には決められた形式はありませんが、
自分に合う書き方を見つけ、しっかりしたプランを立てることで
執筆がはかどり、より良い作品が生まれます。
短期講座も含め、私はこれまで4教室、
のべ約100人の生徒さんと接してきました。

ここでは、教室で実際に生徒さんから受けた質問を中心に
「内藤式・一日自分史講座」を想定して話を進めます。
作品例も出てきます。
まずは、自分史づくりのための「心のウォーミングアップ」をしましょう。

**実際に受けた22の質問を上げました。
あなたが書こうとしている自分史の全体像が
見えてくるはずです。**

質問 1

定年退職をして10年。子供のころから文章を書くことが好きでした。そろそろ念願だった自分史を書こうと思っていたところ、高校時代の友人が自分史（約300ページ）を自費出版しました。彼はクラス一の優等生。有名大学に進み、一流企業に就職、人も羨む出世街道を歩いた男です。期待して読みました。

が、ちっとも面白くありませんでした。海外赴任体験、医者になった息子のこと、別荘でのホームパーティーの様子など、どのページも成功者としての話題ばかり。全部読み切るのは拷問に近く、私はせっかく書こうとしていた自分史への意欲が萎えてしまいました。

著名人ではない者が自分史を書くことに、今疑問を感じています。自分史の出版とは、意味のあることなのでしょうか。

（68歳・男性）

◆アドバイス

あなたのお友達のご本は自分史というより「自慢史」ですね。人生の栄光の部分だけを切り取り、カタログのように書き並べた本を、私も何冊かいただいたことがあります。ボリュームもあり装幀も豪華でしたが、著者の心の動きがまったく書かれていないものが多く、どれも最初の数ページでギブアップしてしまいました。

またそういう大作?を書かれる方に限って、「ご感想をいつまでもお待ちしています」と、半ば強要と思われるお手紙を添えてくださるので困ってしまいます。

特に、面識のない方からいただいた場合、その知らない人の上司の出世物語(しかも実名入り)、親族間のもめごと(なんとご親族一同の顔写真入り)、お子さんの留学体験(本人の日記まで披露)などを何の脈絡もなく並べたものを読ませていただいても、「はあ、そうでしたか」と言うしかありません。

成功談を書いてはいけないということではありません。成功談は控えめに書き、失敗談はユーモラスに書く。それが大人の知性というものではないでしょうか。

人様に喜ばれない「一見自分史」は、やはり考えものだと思います。はた迷惑と言ってもいいでしょう。周囲に迷惑をかけるだけでなく、著者の大切な半生が薄っぺらなものに見えてしまい、出版したことがかえってマイナスになることもあるのです。あなたも元優等生氏に対する畏敬の念が「思っていたほど大したヤツじゃなかったんだ」に変わったのではないでしょうか。

あなたのお友達は、「目的意識の薄い出版」という落し穴に落ちてしまったと思われます。おそらく書きはじめる前に、出版の目的というものを考えなかったのでしょう。だらだらと事がらの表面だけを書く。恥になりそうな内容は伏せ、自分や家族が立派に見えることだけを羅列する。いったい誰に何を伝えたかったのでしょう。見栄のためだけの出版と思われても仕方がありません。

あなたは読み手のハートを打つ自分史、喜ばれる自分史をぜひ書いてください。有名人でなくとも、あっと驚く体験の持ち主でなくとも読み手の心をとらえる自分史を書くことはできます。要はものごとのとらえ方です。何を書くかよりも、「どう書くか、何を伝えたいか」なのです。

たしかに著名人が書いた自分史の本は多く、本屋にも山積みにされていますが、だからといって、内容がどれも優れているとは限りません。有名人であろうと、そうでない人であろうと、誰もがかけがえのない人生を生きてきたのです。清々しく、温かく、書き手の心の豊かさが伝わる自分史なら、きっと誰もが読みたくなるはずです。

書く意味があるかではなく、意味のある自分史を書きたいもの。人は生きていく意味があるかではなく、「意味のある人生を送る」と同じことだと思います。

ポイント

① 成功談は控えめに、失敗談はユーモラスに書こう。
② 何を書くかよりも「どう書くか、何を伝えたいか」が大切。
③ 書く意味を問うより、意味のあるものを書こう。

質問 2

先ほどの「目的意識の薄い出版」という言葉にハッとしました。私も自分史というものは、ただただ自分の歴史を書き連ねればいいと思っていたのです。私は還暦記念に、あまり分厚くない本を作りたいと思っているのですが、それを読んでくれる人のことまでは考えていませんでした。親戚や友人たちに配り、ときどき私のこと思い出してくれればいいぐらいに思っていたのです。そんな記念アルバムのようなものではいけないのでしょうか。理想的な本の厚さも具体的に教えてください

（58歳・男性）

◆アドバイス

自分史に決まった形式はありません。実際には、できごとを書き並べ、それに写真を添えただけのものもたくさん作られています。動機も目的も書き方も本の厚さもまったくの自由なのです。基本的には「作りたいから作る」で結構です。

ただ、せっかくですから人様に興味を持って読まれる、心にしみる自分史を書きたいとは思いませんか。そのためには「なぜ書くのか、何を伝えたいのか」を著者自身が知らなくてはなりません。

当たり前のことのようですが、これが案外分かっていないのです。自分史というジャンルが比較的新しいこともあってか、いったい何を伝えたいのかさっぱり分からない作品が多すぎるように思います。

自分の体験だけを書いたり、逆に周辺のことだけを書いたり、あるいは引用文の羅列だったり、いくら書き方が自由とはいえ、自分の内面にまったく触れていないものは、自分史とは言えません。

何を感じ、考え、どう生きてきたかを書きつづってこそ、読み手に伝わる何かが生まれるのです。

また、「なぜ書くのか、何を伝えたいのか」をハッキリさせること、つまり目的を定めることで、きちんとしたプランが立てられ、書く意欲も湧いてきます。

日頃書くことに慣れていない人にとって、一冊の本を書き上げることは大仕事です。いや、プロの作家にとっても並大抵のことではありません。体力、気力、根気、そして膨大な時間が必要となります。そんな大仕事を目的もなくはじめるのは、いかにも無謀ではないでしょうか。

ただ自分史の本の厚さに関しては、私はそんなに分厚いものでなくてもいいと思います。受け取ってもらう人がすべて読書好きとは限りませんから、誰もが気軽に読める100〜150ページぐらいの本がスマートでしょう。ページあたりの文字数にもよりますが、原稿用紙に換算すると130〜180枚ぐらいになります。きわめて個人的なことを人様に読んでいただくわけですから、くどくどと細かいことは書かず面白いところだけを書いたコンパクトな本なら、書き手も読み手も負担が少ないでしょう。

まあそうは言っても、いざ書くとなるとこれもかなりの分量です。よほど強い目的意識を持っていないと、途中で挫折してしまいます。中には「私には特に目的なんてない。書いていること自体が目的なのだ」とおっしゃる方もあるでしょうが、本というものは発表を前提に書くものです。自分で記録しておくためだけなら日記で十分、印刷も製本も不要です。

本書を読んでくださっている方の中にも、書き出しの何枚かでストップしたままの人がいらっしゃるのではないでしょうか。自分史を書くためには、まず何のために書くのかをはっきりさせましょう。途中まで書き進めている人も、書きかけの原稿のことはしばし忘れて、今一度、意識のスタートラインに立ってください。

いいですか。あなたは何のために書きたいのですか。誰に読んでほしいですか。あまり難しく考えないでください。出来上がったあなたの本を、いの一番に届けたい相手をイメージしてください。読んでほしい人がイメージの中に浮かび上がったら、あなたが書こうとしている自分史は80パーセント成功したと考えていいでしょう。書く技術というものは、そのあとについてくるものなのです。

多くの人が陥りやすいのは、何となく書いてみたいという淡い夢のまま、漠然としたイメージだけで書こうとすることです。それでは自分史づくりは頓挫します。たとえ完成しても、人の心を打つどころか、全体が平坦で散漫なものになってしまうことでしょう。

ここで、ぜひ読んでほしいと思う相手をイメージしてください——あなたが一番先に読んでほしいと思われた方は誰でしたか。

妻、夫、子供、孫、ふるさとの両親、きょうだい、友人、それとも昔お世話になった人。あるいは人生の先輩として現代の若者たちにメッセージを送りたいとおっしゃる方もいるでしょう。亡くなられたパートナーの顔が浮かんだと言う人もいるかもしれません。

5年前に出会った、ひとりの女性のことをお話ししましょう。

私はときどき講演会に招かれます。その女性とも、ある講演会で知り合いました。知り合ったと言うより、講演が始まる前、控え室に40代と思われる女性が突然来室されたのです。

私は彼女とは一面識もありませんでした。講演の前に訪ねてくる人はあまりいないので、何かなと思っていましたら、彼女は手にした風呂敷包みをテーブルの上で解きはじめました。それは原稿用紙の束でした。パッと見て300枚ほどです。そして少し思い詰めたような表情で話しはじめたのです。

「内藤さんの本を読みました。講演会があることを知り、書いたものを読んでいただきたくて持ってきました。どうしてもこれを本にしたいのです。こういう書き方でいいのでしょうか？」

唐突な話ではありましたが、決して図々しいという感じではありませんでした。ふだんは慎み深い人が、ここ一番勇気をふりしぼって訪ねていらっしゃったという印象。彼女は続けておっしゃいました。

「半年前、夫が病気で亡くなる直前、私に宿題を出したんです。頼むからオレの人生をおまえが書いてくれと。これを本にして、夫の三回忌の供養にしたいのです」

私はその場でパラパラと原稿に目を通させてもらいました。正直なところ、決して手慣れた書き方ではありませんでしたが、目的がしっかりしていました。ご主人から出された宿題を果たそうという熱意があり、出版したい時期もはっきりしています。

これはいい本になると、確信めいたものを感じました。お名前と電話番号を聞いた私は帰宅するとすぐに親しい編集者を紹介し、三回忌には彼女（福島博子さん）の希望どおり、「主人からの宿題」というタイトルの本が出来ました。

話が長くなりましたが、誰のために・何のために書くのかをハッキリさせるため、私の教室では本文にとりかかる前に、まず「まえがき」を書いてもらいます。

長さはあくまで自由ですが、原稿用紙１枚から３枚ぐらいが書きやすいでしょう。あまりにも短いと、つい「読ませてやる」という感じになり、長すぎるとあらすじ・解説風になってしまうからです。さあ、まずは「まえがき」を書いてみましょう。

そこに何を発見できるかは、あなた自身が見つけだしてください。参考までに、私の教室の生徒さんの書いたまえがきを3例あげておきます。

例1

書名 七つの町で生きてきた

著者 壇原　勇

振り返ると、七つの町で生きてきた。

生まれた長野に19年間、最初の勤務地の直江津に6年間。次の武生に7年あまり住んだあと、北陸の忍従の冬と豪雪禍に嫌気がさし、昭和38年の春、私は表日本を目指した。

陰欝な鉛色の空とは打って変わり、陽光あふれる名古屋の街は、それだけで私の気持ちを明るくしてくれた。

倍率の高い抽選を突破して憧れの団地族にも仲間入りした私は、有頂天の毎日だった。会社の営業の仕事にも、思い切り力を入れた。

娘たちが成長するにつれ、2Kの公団住宅ではだんだん手狭になり、昭和48年の春、思い切って春日井市に庭つきの一戸建を買った。

これが終の住処になるのかと思っていたら、その年の秋、なんと東京行きの辞令が出た。オイルショックの波に翻弄されながら、私は無我夢中で働いた。東京での生活は10年間にもおよんだ。

平成３年３月、私は長かったサラリーマン生活に別れを告げた。

翌日から、行き先を探す旅が始まった。ネクタイを締め、スーツを着ても、もう出掛けるあてがないのだ。

「お父さん、顔に精気がないわ。いっぺんに老けないでよ」

妻の言葉にハッとした。

が、おかげで最初に東京に赴任したとき、夜の無聊《ぶりょう》を慰めるために六本木のシナリオ教室に通ったことを思い出した。放送作家組合が主催するその教室に１年半ほど通い、ドラマの脚本づくりに挑戦したのだった。

さっそく、名古屋市内のシナリオ講座に通い始めた。が、ラジオもテレビも舞台もそれぞれに制約のようなものがあり、売り物になる台本を書くことは容易ではないことが分かった。

そのあとは小説に転向して３年ほど修業を積んだが、読み手を感動させるほどの作品は、いまだに書けていない。

平成13年７月からは、栄中日文化センター「だれにも書ける自分史・エッセイ」講座に通い、さらに文章を磨き、心打つ作品を生み出したいと意気込んでいる。

本書は自分史ではあるが、これまでに書いたエッセイ・シナリオ・短篇小説も加えた。どれも、私がこの世に生きた証しである。

ご一読いただければ、これ以上の幸せはない。

例2

書名　たいせつな　あなたへ（仮題）

著者　村田由香里

「ただいまー」

学校から帰ると、いつも祖母の笑顔が迎えてくれた。共働きの両親に代わって、私と弟の世話は祖母の役目だった。

祖母は玄関を上がってすぐの四畳半の部屋で、いつも着物のお針仕事をしていた。帰宅した私は隣に座っておやつを食べながら、その日のできごとを、あれこれ話したものだ。

学校に上がる前の幼い日、祖母に本を読んでもらったのもその場所だった。病弱で内気だった私は祖母の隣で絵を描いたり、自分で作ったお話を書いたりして、母の帰りを待った。

私が今、本を読んだり文章を書いたりすることが好きなのも、祖母のおかげだと思っている。

この本を書くにあたって、実は、私は本当に悩んだ。

読んでくれる人に「面白い」とか、「たいへんだったね」と思われるような体験が、これまでの人生にはなかったのだから。のんびりとただ平凡に、きょうまで生きてきたような気がする。

でも、それは本当は幸せなことなのだと、このごろようやく気づいた。

決して裕福ではなかったが、大きな苦労をさせずに育ててくれた両親、優しかった祖父母に感謝しなくてはと思っている。

この四月、夫の母が65歳で亡くなった。こんなに早くお別れすることになるとは思ってもいなかった。

現在、私の祖父は89歳、祖母は82歳、まだまだ元気で仲良く暮らしている。ふたりが元気なうちに、私の書いたものを読んでもらいたいと思うようになった。

もちろん、過保護なぐらい大切に育ててくれた両親にも、ありがとうの気持ちをこめて。

そして、夫や二人の子どもたちにも、田舎で育った内気な少女が歩んだ道を、ぜひ読んでもらいたい。

例3

書名 寝太郎、もう起きなさい

著者 種田すみ子

【父母のかくし味】・・・まえがきにかえて

もう少し、塩加減を多くしてもよかったかしら？

いやいや、ちょっと甘味が足りなかったのかな？

二人の子供が成人した今、私はふと彼らの味見をしてみたのだった。さて、これからはどうしたものかと考えたとき、自分自身の味も知りたくなり、思わずうしろを振り返っていた。

早めに逝ってしまった母が残してくれた、これまでの月日―。

世間に平均などというものがあるとしたら、少しだけ余分に流したものがある。

くやし涙の味は、苦かった。

ふんばりの汗は、辛かった。

人の干渉は、酸っぱかった…。

けれど不思議なことに、今となってはどの味も、全部混ぜ合わせて味わうと、なんと甘く深みのある味になるのだろう。

今は亡き父がくれた調味料も、たくさんの人との出会いを運ぶ「味の素」となっている。

どうやら父も母も旅立つとき、娘の私が生きていくための「かくし味」を、こっそりふりかけていってくれたらしい。

親からもらった最後の素敵なひとつまみ。残された子供は、親が与えてくれた人生という時間を、精一杯生きていくことだと思う。

夫、娘、息子に、そして私のまわりの大切な人たちに、この一冊を捧げます。

私だけの物語を味わっていただけたなら、とてもうれしい。

ポイント

① 「なぜ書くのか、何を伝えたいのか」を自分に問いかけよう。
② 何を感じ、考え、どう生きてきたかを書こう。
③ あまり分厚いものより、コンパクトな本が喜ばれる。
④ 読んでほしい相手をイメージして書こう。
⑤ まずは「まえがき」を書いてみよう。

質問3

まえがきの話は分かりましたが、私がこれまでに読んだ自分史の冒頭には、本人の書いたまえがきではなく、会社の上司、政治家、文化人などからの祝辞が載っていました。中にはアッと驚く有名人からの祝辞もあり、多いものは10人近い縁者がお祝い文を寄せています。私にも遠い親戚に国会議員がひとりおります。出版するときは華を添えてもらった方が本の格が上がるのでしょうか。

（56歳・女性）

◆アドバイス

あなたはその寄せ書き風の祝辞を興味深く読まれましたか。いい印象を受けましたか。さあ読もうと期待してページを繰ると、全然知らない人の文章が長々と続く。政治家や企業の経営者の顔写真がずらりと並んでいる。しかもほとんどが通り一遍の祝辞で、白けた気分にさせられたのではないでしょうか。

自分史を書き上げるほど「自分にこだわっている人」にして、それでは「私はこうして義理やしがらみの中で生きております」と言っているようなものです。

どうしても寄稿をお願いしたい場合は、本文のあとにさらりと載せる方法をおすすめします。人数は3人ぐらいまでが限度でしょう。

原稿の枚数はこちらから指定するか、「ページ数の関係で、一言だけで結構でございます」とお願いすれば、長すぎるものを避けることができます。

もっとも、著者がコツコツと書きあげた自分史の冒頭や巻末に他人の文章を載せる形式は、今後は少なくなると思われます。自分史という分野がまだ確立されず「自叙伝・自伝」と呼ばれていたころは、どうしても大がかりな感じがしましたから、それに恥じないようにと、祝辞や推薦文などを載せてバランスをとったのです。

また、自分史に格などというものはありません。本の厚さや装幀の立派さ、著名人の祝辞の有無など、どれも「いい自分史」とはまったく別問題です。

要は内容なのです。読み手に伝わる何かがあるかどうかなのです。格や見栄にこだわっているようでは、生き生きとした自分史は書けませんよ。

ポイント

① 祝辞や推薦文に頼らず、内容で勝負！

② 本の厚みや装幀などで見栄を張らない。

質問 4

「意味のある自分史」という言葉が気になります。私の知る範囲では、自分史を出版した方は皆さん波瀾万丈の人生です。私は小さな青果店を営みながら平凡に暮らしてきた人間です。現在は小さなスーパーマーケットを2店、コンビニを1店。商売は3人の息子たちが継いでくれています。ふだんゆっくり話すことのない息子や孫たちに書いておきたいことはたくさんあるのですが、こんな私にも意味のある自分史が書けるのでしょうか。

（74歳・男性）

◆アドバイス

三年前、私の高校の後輩にあたる小菅もと子さんという女性が『忘れても、しあわせ（日本評論社刊）』という本を出版しました。彼女はその本のまえがきに、こう書いています。

はじめまして。私はどこにでもいる中年のオバサンです。会社員の妻であり、二人の子供の母親であり、家のローン返済のためパート勤めをしている主婦です。

その「どこにでもいる中年のオバサン」に、どこにでもある「姑の介護」という問題が持ち上がります。一人暮らしだった姑との突然の同居。姑は痴呆と診断を受けている―。

慣れない介護を通して直面した問題や家族の葛藤の日々を書くことで、著者は自分の気持ちの奥に目を遣り、家族史ともいえる自分史を書きあげました。この自分史は、介護で悩む多くの人たちにどれほどの知恵と勇気を与えたことでしょう。お姑さんがリハビリのために始めた油絵で元気を取り戻し、個展まで開くシーンは特に感動的です。ちなみに、この本はまもなく『折り梅』というタイトルで映画化され、全国の劇場で公開されることが決まっています。

平凡に見える暮らしの中にも、さまざまなドラマがあるものです。過ぎ去ったできごとはどうしても美化しがちになり、身近すぎる体験は凡庸に思いがちですが、じっくり思い出し、そのときどきの自分の心の揺れや周囲の反応などをありのままに書きつづるのです。そこにあなたの確かな足跡が見えてくるはずです。

いいですか、こう考えてください。あなたにとってはめずらしくない青果店というご商売も、それを経験したことのない人からは、まったくの未知の世界なのです。たとえば、活気に満ちた早朝の市場の光景、威勢のいい競りの様子などを、現場を知る人ならではの言葉で生き生きと描写するのです。

また、忙しい商売をしながらの子育て体験も題材となるでしょう。お客さんとの心温まる交流、忘れならないトラブルなども、商いの世界の喜怒哀楽を書く格好の素材です。さらに、商人の目から見た町の変遷や客の気質の変化、スーパーやコンビニに商売の形態が変わっていく時代の風も、そこに身を置くあなただからこそ書けるはずです。

さきほど私はたしかに「意味のある自分史」と言いました。それにふさわしい例がもうひとつあります。「長い旅」という書名の本についてお話ししましょう。奥付には〈昭和58年12月11日発行〉とあり、私はこの本とは取材先の大阪で出合いました。

私はときどき雑誌などに、人物ドキュメントを書いています。大阪の「食道園」という焼肉チェーン店の経営者・江崎政雄社長の半生を書くよう出版社から依頼があり、その江崎氏にインタビューをしている最中でした。「そうだ、亡くなった母が本を書いています。業界のことにも少しは触れていますから、よろしければどうぞ」

手渡してくださった「長い旅」を、帰りの新幹線でさっそく開きました。一気に読みました。仕事だったからではなく、どこまでも本音で書かれており、社会的な意味をも持っている内容だったからです。「私たちは雑草人間でした…」で始まるこの本（自費出版）には、戦後、平屋建ての一軒のバラックを半分に仕切った焼肉店からスタートし、商売熱心なご主人を支えながら、店を従業員数百人のチェーン店に育てるまでの著者の苦闘の半生が書かれています。

「食道園」は日本の焼肉店の先駆者であり、現在も焼肉業界のリーダー的存在として、業界で知らない人はいません。著者の江崎光子さんの人生は、そのまま日本の焼肉業界の歴史なのです。彼女と彼女のご主人の存在なくては、その後の焼肉ブームも到来しなかったことでしょう。

本には、ご主人とのドラマティックな出会い、身内に結婚を強く反対されたいきさつ、結婚後初めて飛び込んだ商売の世界の厳しさなど、著者の半生がありのままに描かれています。

内容はあくまで個人的なことばかりです。ですが著者の個人の生活を通して社会が描かれてます。日本の焼肉業界の発展の軌跡もよく分かります。彼女がそれを意識して書いたかどうかは分かりませんが、彼女の本は彼女の個人史であり、貴重な「焼肉の文化史」となったのです。

どうか、あなたならではの視点で書いてください。
自分にしか書けないことを自分の言葉で書く。それが「意味のある自分史」なのです。

あなただから書ける「自分史」が、きっとあるはずです。

質問 5

自分にしか書けないものを書くという意味は何となく分かります。私も私なりに、時代や社会的背景を念頭において書きたいと思っています。ですが、今ひとつ勇気が出ません。私は子供のころから読み書きは嫌いではありませんでしたが、家が貧しかったこともあり、小学校しか出ておりません。書きたい気持ちは強いのですが、上手に書く自信がないのです。こんな私にも、ちゃんと書けるのでしょうか。

（76歳・女性）

◆アドバイス

さまざまな理由で、執筆を躊躇している人は多いと思います。

家庭の事情や健康上の理由で進学をあきらめざるを得なかった人、青春を戦火に奪われた人、書きたい気持ちはあっても苦手意識を持っている人。いや、広く世間を見渡してみれば、文章を書くこととはまったく無縁な生活を送った人のほうが、むしろ多いのではないでしょうか。

でも、どなたにも自分史は書けます。難しい言葉や内容を書くものではありません。技巧を凝らしたり、格好をつけて書くものでもありません。誰かに話すように、普通の言葉で書くものなのです

また、自分史の場合、読み手は圧倒的に身近な人たちです。小学生のお孫さんにも理解できるように、やさしい言葉で飾らずに書くこと

が大切なのです。
やさしく、軽やかに、分かりやすく書きましょう。難解な言葉や一般的には読めない漢字を使ったもの、重い調子で書いたものは、結局は書いた本人以外、誰も喜びません。
私たちは小学生・中学生のころ、よく作文を書きました。あなたも読書感想文や遠足の思い出、将来の夢などを書かれたことでしょう。自分史を書くときの文章力そのものは、子供時代に習った書き方で十分です。大上段に構えれば構えるほど面白くないものになりますから日ごろ使っている言葉で、気取らず構えず書いていきます。
私たち大人は、できごとや状況を話すとき、無意識のうちに自分の感想、考え方を述べています。文章も同じことなのです。子供のころの作文ではできごとだけを並べがちでしたが、年齢を重ねれば、豊富な人生経験が洞察力となり、「心の眼」が養われます。それが文章に反映しますから、内容については、書く前から早々と気を揉む必要はありません。
ただ、よりいいものを書くためには、日ごろからいい読書を心がけてください。ただ漫然と読むのではなく、これからは「書き手の視線」で読むのです。自分と相性のいい本、こういう書き方が好きだと思える本を見つけておかれることです。
人は歩くときも話すときも、それぞれ自分のリズムやテンポを持っています。好みも違います。文章の好みも人それぞれですから、できるかぎり多くの本を読み、その中から自分に合ったものを探しておきます。過去に読んだものの中で、心に響いた作品を読み返すのもいいでしょう。名作といわれる作品でなくてもいいのです。子供さんやお孫さんが読んでいる本の中にも、書き方のヒントはたくさんあるものです。私の場合は、娘が使い終わった国語の教科書から、いろいろな発見をすることができました。いいなぁと感じる文章をお手本にして書きはじめることで、エンジンはうんとかかりやすくなります。

私の教室には20代から80代までの生徒さんがいます。ある生徒さんの話をしましょう。原稿を書き終わり、いよいよ念願の出版が近い60代の女性。彼女は中学卒業と同時に紡績会社に就職し、幾多の苦難に見舞われながらも明るくたくましく生きてきた人です。涙あり笑いありの、思わず引き込まれる自分史を書き上げました。

実は教室に入ったころは、彼女の文章はお世辞にも読みやすいとは言えませんでした。私の教室ではエッセイの宿題が出ます。原稿用紙２枚の短いエッセイにも、当初彼女は四苦八苦していました。漢字の間違いもかなりあり、理解しにくい内容のものがほとんどでした。ですが回を重ねるごとに読みやすく、しみじみと心を打つ文章を書けるようになり、わずか一年間で自分史を書き上げたのです。

彼女は月に二回の講座で、毎回かならず作品を提出しました。最初の２､３ヵ月、私が添削した彼女の原稿は気の毒なほど直しが多く、せっかくの意欲が薄れてしまうのではないかと内心ハラハラしたものです。けれど、書きなおしてきれいに清書した原稿をかならず次の講座に持ってくる。毎回最前席に座り、分からないところはどんどん質問する。自分を飾らない人ですから、文章にもエラそうなところがありません。

ちなみに、私自身も家の近くの県立高校を卒業しただけです。大学の文学部を卒業した人だけが文章を書いているのではありません。要は本当にやる気があるかどうかなのです。

質問 6

何となく書けそうな気がしてきました。ですが、最近歳のせいか物忘れがひどく、若いころのことを思い出すのは無理のように思います。不思議なもので、うんと幼いころのことは実につまらないことまで覚えているのですが…。

私が以前読んだ自分史には、生まれたときから現在まで、できごとはおろか折々の気持ちまでがちゃんと書いてありました。巻末には詳しい自筆年譜まで付いていて、よく思い出せたものと驚きました。まばらな記憶しかない私は、いったいどうしたらいいのでしょう。

(72歳・男性)

◆アドバイス

あなたが不安に思っていらっしゃる「詳しく思い出せるだろうか」については、子供のころから休むことなく日記をつけてきた人以外、誰もが同じではないでしょうか。

私たちは妙にハッキリ覚えていることもある一方で、まったく思い出せないこともあり、これは年齢にはあまり関係ないでしょう。もっとも本当に関心のあることであれば、人はつまらないことまで覚えているものです。

自分史を書くためとはいえ、忘れたことを無理に思い出すことはできません。しかし、現実にこれから自分史を書くとなれば、ある程度のことは思い出さなければ、たしかにペンは進みません。

そこで、人の脳の働きについて少し触れておきたいと思います。若い人だから、高齢者だからという区別はありません。これを知っておくと、なぁんだ、そういうことなのかと自信がつき、記憶の引き出しが見つけやすくなります。

人の記憶には「短期記憶」と「長期記憶」があることをご存じでしょうか。さらにこの中間には、「中期記憶」というものがあります。といっても私は医者ではありませんから、文章を書く上で役立ちそうな、ささやかな知識しか持っていないのですが。

私たち人間はさまざまな情報を無意識のうちに、まず「短期記憶」の中に入れるそうです。物を収納する小さな棚のようなものを想像してください。その短期記憶の棚の中に入れた情報の中で「あ、これを覚えておきたい。覚えておかなければ」という意識が働いたものだけが「長期記憶」という巨大な棚に納められるのです。諸説あるようですが、短期記憶は数十秒から数分、長期記憶は一生モノと言われています。

また別の言い方をすれば、短期記憶はメモ用紙のようなもの。長期記憶のほうは、自分という人間に関する分厚い辞書のようなもの。ふだんは使わなくても、いざというときに活躍してくれます。

自分史を書くときは、この長期記憶のほうを活用します。忘れていると自分が思い込んでいても、実は長期記憶の棚には膨大な記憶を収納しているのです。

「中期記憶」は、短期記憶をいったん受け取るお盆のようなものを想像してください。長期記憶という辞書と照らし合わせながら、必要とあらば受け取った情報を長期記憶の中に入れます。中期記憶はメモ用紙と分厚い辞書の間を取り持つポケット手帳のようなものです。人

人の記憶には「短期記憶」と「長期記憶」、さらに「中期記憶」があります。

間の脳というものは記憶に関するだけでも、こうした凄い働きをしているのです。

さてご質問の件ですが、これらのことを念頭に置いてください。つまり、よく覚えているできごとは自分にとって重要であり、忘れてしまったことは、もう要らないことなのです。よく覚えていることなら、深く濃く書くことができます。

書き方によってもカバーできます。ほんの一例ですが、「夢中になって働いているうちに、気がついたら5年が過ぎていた」というように、ポンと時代を飛び越える書き方もあります。難しく考えず、サラリと正直に書けばいいのです。

また記憶というものはちょっとしたきっかけで蘇るものです。試しに、普段は押入にしまいこんである古い写真を出してみてください。じっくり眺めていると、忘れていたはずのシーンが結構浮かんでくるものです。アルバムの隅や写真の裏に書かれたちょっとしたコメントから、不意に大切なことを思い出すこともあります。

記憶の話が長くなりましたが、あなたのお知り合いの「どの時代の気持ちも詳しく書いてある自分史」は面白かったですか。緻密に書いてあると、いかにも大作という感じがしますが、同じような景色を見ながら、だらだらと長い道を歩かされているような退屈さを感じませんでしたか。読んだあと、心に残ったものはありましたか。

自分史は日記や日誌ではありません。書きたいことを、書きたい場面から、素直な言葉で書くものです。強調したいできごと、場面、感想などは深く濃く書く。そしてサラリと通り過ぎてもいいと判断した時期や内容は、簡潔に書けばいいのです。

また心に深く残る出来事だからといって、その一部始終を書き尽くすことはありません。どの部分を書き、どの部分を捨てるかは書き手の知性とセンスの問題です。
それでも、どうしても書く上でハッキリさせておきたいことがあれば、取材や調査をするのです。そのころを知る人に電話や手紙でたずねたり、直接会って話を聞いたり、思い出の地や建物に実際に足を運んでみてください。
私の教室のある生徒さんは、わずか４、５行を書くために、新婚時代に住んでいた町を数十年ぶりに訪れました。景色はかなり変わっていたようですが、現地の空気に触れたことで、思いがけない発見がいくつもあったようです。
私自身も自分史を書いているとき、生まれ育った町を５回ほど訪れました。子どもの頃は果てしなく広いと思っていた近所の公園が案外狭く、家の真裏にあったはずの原っぱの方角も違っていてビックリ。物理的な記憶でさえこんなに違うのだから、若いころの心理とはいったい…と、思わず自分に問いかけずにはいられませんでした。
現地に行き、何かを発見し、生きてきた膨大な時間の中を心が行ったり来たりしていると、さまざまな記憶が蘇るものです。私も「そうだ、あれも書こうこれも書こう」と、書きたいことが一気に増えたことを覚えています。
取材や調査に出かけたときの注意点は、車や乗り物の中から眺めるのではなく、実際に現地を歩いてみることです。東西南北、頭上も足元も、とにかくよく見てください。風や空気に直接触れ、五感を駆使し、じっくり観察します。納得のいくものを書くためには、それぐらいの労力を惜しんではいけません。
古い事件や過去の社会情勢、気候、風習などを知りたいときは、図書館を活用しましょう。インターネットによる情報収集もいいとは思いますが、新聞の縮刷版が置いてある公立図書館もおすすめです。落ち着いて調べることができ、関連図書も豊富なので、意外な発見ができると思います。

また、最近は「自分史づくりのための歴史年表」も各種市販され、大きな事件からその時代の流行歌までが網羅されていて便利です。

巻末の自筆年譜については、あなたが必要と思えば添えてください。

転勤の多いサラリーマン生活を送った方なら、転任地の記録を残しておきたいでしょう。戦争体験者なら、軍歴や戦地の地図なども添えたいと思われるでしょう。研究者なら研究内容を、趣味を持っていれば作品展の記録を、内容によっては受賞記録、病歴などを添えてもいいと思います。家族史的要素の強いものには「家族年表」のようなものを添えるのも、微笑ましくていいと思います。

家系図に関しては、あまりにも堅苦しいものはどうかと思います。自分史とは別に作り、親族だけに配る方法もあります。

いずれにしろ必要な資料をそろえて書き進め、最終的に全体のバランスを考え、必要かどうかを判断します。

ポイント

① よく覚えていることを深く濃く書こう。
② 記憶はちょっとしたきっかけで蘇る。
③ 古い写真から、長期記憶を呼びさまそう。
④ 取材や調査は、実際に現地を歩こう。
⑤巻末の自筆年譜は必要と思えば添える。

質問7

書きたいところから書くということは分かりました。でもやはり、どうしても生まれた日や場所のことから書いてしまいそうです。偉人伝を読んでも、ほとんどが赤ん坊のころの話から始まっています。いったいどんな風に書き出せばいいのでしょう。コツはありますか。

（49歳・女性）

◆アドバイス

ズバリ、「これまでの人生で一番心に残っている場面」から書き出します。感情をいきなり書くと読み手が混乱してしまいますから、まずは最も強烈だったことがらの「場面」を書いてください。覚えている範囲でいいですから、できるだけ詳しく書きます。

そして読み手が情景を浮かべたあと、あなたの心の動きを書くのです。これまでで一番印象深いできごとなのですから、状況も心の動きも、かなり濃く書けるはずです。

私自身のことをお話ししましょう。私は41歳のとき、自分史の本を出す機会に恵まれました。住んでいる町の公民館講座（作文教室）で書いた短い作文が、たまたま出版社の人の目に留まり、単行本を書くことをすすめられたのです。

作品は『わが故郷は平野金物店（エフエー出版刊）』という本になりました。それがきっかけで書くことが仕事になり、自分史講座も持

わが故郷は
平野金物店
内藤 洋子
大駐車場完備
オープン記念セー
今こそ子どもに
生きる力を！
17歳で両親を亡くした著者を支えたものとは
エフエー出版

わが故郷は平野金物店

つことになり、今こうしてこの本の原稿も書いているわけです。この本はＮＨＫテレビ・ドラマ新銀河「ようこそ青春金物店」（平成８年放送・全16回）という連続ドラマにもなりましたから、ご存じの方もいらっしゃるかと思います。

書き出しの部分をご紹介しましょう。

> 「洋子、洋子」
> 父が自分の部屋から、小声で私を呼んでいます。
> 父の部屋というのは、特に決まってはいなかったのですが、ひと月ぐらい前から体の具合が悪くなり、いちばん日当たりの良い増築したばかりの一部屋に布団を敷いて、毎日を寝巻姿で過ごすようになっていました。
> 私がすぐ隣の土間を通って、自分の勉強部屋がある二階への階段を上がろうとした時、父がガラスの引き戸を少し開け、私を呼び止めたのです。
> それがなん時ごろだったのか、その日は学校が休みだったのか、そういうことは覚えていません。もう、それは今から三十年も前のことですから、映画のように動いた場面で思い出すことさえできないのです。
> スライド・フィルムのような静止した場面がカチャッ、カチャッと頭の中に現われて、そこに父の声がしたり、小学六年生だった私の後ろ姿なんかが少し揺れたりするのです。

父が私を部屋に呼ぶこのシーンは、私のこれまでの人生で最高ランクに位置する強烈なできごとです。なぜなら、呼ばれて部屋に行った小学６年生の私は、死を悟った父から遺書を手渡されるからです。

父はその３ヵ月後に息を引き取り、さらに６年後には母も死んでしまい、父の遺書は私の人生の何よりの道しるべとなりました。

ですが、この書き出しがすんなり出てきたわけではありませんでした。正直に言いますと、私は書き出しをこの場面に決めるまでに、なんと半月もの時間を費やしてしまいました。費やした、などと言うと何だかカッコいいのですが、実はどこから書いていいのかまったく見当がつかず、七転八倒したのです。

生まれたころのことから書こうか…。

両親の人となりから書くべきか…。

そうだ、現在の生活のワンシーンから入ろう。

いや、記憶のスタート地点から書いたほうがいいかなぁ…。

と、悩みに悩んだ私は、まだ１行も書かないうちに原稿用紙を見るだけで激しい頭痛に襲われるようになり、どうして出版社に返事をしてしまったのだろうと深く後悔。苦しんだその半月間は心身ともにボロボロになり、何度も病院で点滴を打ってもらったほどです。

今思えば、「一番強烈な印象のシーンから書く」ということを、どうして思いつかなかったのかと残念でたまりません。当時私は夫とともにレストランを経営しており、フルタイムで忙しく働きながら深夜に原稿を書いていたこともあって、本当につらい半月間でした。

くどいようですが、書き出しには本当に悩みました。当時はまだ自分史という呼び方さえ知られていない時代。当然のように指南書もなく、指導者もいません。声をかけてくれた出版社に「あのぉ、どのあたりから書き出しましょうか」と聞くわけにもいきません。

迷い抜いたあと、何がきっかけだったのかは忘れてしまいましたがまるでスライドフィルムを見ているように、父が私を呼んだシーンが浮かび、「そうだ、これでいこう」とひらめいたのです。その瞬間から頭痛はケロリと治り、ペンを持つ手が嘘のように軽くなりました。

ドラマ新銀河「ようこそ青春金物店」（NHK名古屋より）のワンシーン

なにかと口やかましく、洋子（早勢美里）と謙（小橋賢児）に注文ばかりつけてくる日吉商店会長の織田信子（樫山文枝）。
きょうも何かこんたんがありそう…

質問8

私はずっと専業主婦をしてきました。子供たちは巣立ち、定年退職した夫との二人だけの生活です。娘時代から文章を書くことが好きで、身辺雑記のようなものを書いてきました。そろそろ出版をと考えていた矢先、この不況です。出版を夢見て貯めてきたヘソクリが少々あるにはありますが、やはり費用のことが一番気がかりです。具体的に教えてください。

（57歳・女性）

◆アドバイス

出版には商業出版と自費出版があります。

「商業出版」とは出版社が本づくりにかかる費用を負担し、本屋で売る本を作ることです。

「自費出版」とは、費用を著者自身が負担します。本屋での販売はできないことはありませんが、著者が本屋に直接持ち込み販売を依頼するか、あるいは単行本の販売ルートを持っている出版社に手数料を支払い、出版社の手を経て本屋に並べてもらいます。

自分史の場合は、基本的には自費出版を考えられたほうがいいでしょう。まれに出版社が全費用を負担するケースもありますが、それは出版社が「この作品なら本屋で売れる」と判断した場合です。作品の優劣という意味ではありません。出版社のビジネス感覚として、時代が求めている作品であるとか、ぜひ扱いたいものであるとか、つまり食指が動いたものは市販される本として発行されます。
　両者の中間の扱いもあります。出版社と著者が話し合いの上、部数の何割かを著者が買い上げ、残りを出版社が販売ルートに乗せる方法です。このケースは出版社が「まあまあ売れるだろう」という見込みを立てた場合と言えましょう。
　さて、あなたがご心配される具体的な費用ですが、まずは見積書を出版社か印刷会社に作ってもらいます。見積書は無料で作ってくれます。ページ数、本の大きさ、部数、上製本（表紙が硬くて分厚いタイプ）にするか並製本（表紙が薄いタイプ）にするかなど、ご自分の本の出来上がりのイメージをおおよそ決めておかれるといいでしょう。
　また、最初からこちらの予算を提示しても結構です。あなたの予算に合わせて、部数、ページ数、何色刷りにするかなど、細かいことを決めていくのです。
　部数や本の造り、原稿の枚数にもよりますから、ここで具体的にお答えするのは難しいのですが、ほとんどの出版社・印刷会社、あるいは新聞社や大きな書店の自費出版センターなどが、それぞれ価格表を作っていますから、相談されるといいでしょう。ご参考までに、印刷・製本技術の進歩とここ数年の不況が重なり、自費出版にかかる費用はひと昔前に比べると、リーズナブルになっていることをお伝えしておきます。
　日本人はお金に関する話を後回しにする傾向がありますが、請求書を見てから後悔しないよう、費用は必ず事前にきちんと決めておきましょう。私の知り合いの編集者によると、「これだけしか出せません」と、最初から著者側が予算額を提示したほうが、話が進めやすいそうです。
　ご参考までに、私の教室のひとつである犬山中日文化センター（講

土曜日のハーブティー
丹羽百合子
廣田榮子
本間米子
長尾啓世
大脇由美子
週末の午後何かが変わり
何かが芽生え始めた。
平凡な生活からちょっと冒険したい女性たちの
それぞれの人生の香り……。

原稿はひとりあたり400字詰原稿用紙約40枚。
発行人は「五人五色の会」としました。

座名「だれにも書ける自分史・エッセイ」）では、女性の生徒さん5人が共著という形で自分史（「土曜日のハーブティー」）を出版しました。ひとりあたりの費用の負担が軽くなる、こうした方法もあることを、覚えておかれるといいでしょう。

いずれにしろ、「こういうタイプがいい」というお手本となる本を見つけておき、それを見ながら交渉した方がすんなりいきます。あなたが出したいと思っているタイプの本をあらかじめ探しておきましょう。

見積りを取るとき、すでに原稿が全部書き上がっている場合は、出版社や印刷会社には原稿のコピーを持参してください。（紛失したときのことを考え、コピーを必ず取っておく）原稿の完成度を見ながら交渉することができ、話が早く進みます。

お手本としたい本が見つからないときは、出版社・印刷会社がある程度は用意しているサンプルを見ながら専門家の意見を聞き、文字の大きさ、行数、書体、紙の色などなど自分の希望をしっかり伝え、話を進めていきます。

依頼する窓口としては、最近自分史を書く人が多いこともあり、ほとんどの出版社が設けている自費出版部門というところを訪ねます。「出版社」というと何やら敷居が高い感じがしますが、専門家が親切にアドバイスしてくれますから、ご心配はいりません。大手新聞社、一部の大型書店にも自費出版部門は増えています。いずれにしろ遠慮しないで堂々と門を叩いてみてください。

印刷会社も自費出版に力を入れるところが多くなりました。ただ、単行本の製作に慣れていないところもありますから、その点をはっきり確かめてから交渉に入ることです。

質問 9

前の話の中に「出版社」と「印刷会社」が出てきました。私には違いが分かりません。甥が印刷会社を経営しているので、私はそこに頼もうと思っています。友人の本の奥付にも印刷会社の社名が書いてありました。一個人の本をわざわざ出版社で作るなんて、大げさではないでしょうか。編集者という人も何をしてくれるのか分かりません。シロウトの私にも理解できるよう分かりやすく説明してください。

（66歳・男性）

◆アドバイス

自費出版を、家の建築にたとえてみましょう。

出版社は工務店にあたり、編集者は現場監督、印刷会社は大工さんのような立場です。

家は大工さんだけでは建ちません。設計士、左官、電気工事業者、塗装工事の業者などなど、多くの専門家が関わります。本づくりも同じです。印刷所、製本所、表紙デザイナー、文章の内容や書き方の指導も含めて全体の指導をしてくれる編集者など、複数の専門家が関わります。

工務店に「家を建てたいので頼みます」と言えば、工務店が職人さんたちを手配をしてくれます。

出版社に「自費出版したい」と頼むと、費用の見積もりに始まり、校正（原稿を活字に打ち出したもの《ゲラ》を、印刷する前によく見直し、文字の間違いを訂正すること）まで、すべて面倒をみてくれます。

印刷会社の場合は、単行本の編集ができるスタッフがいる所と、そうでない所があります。

印刷会社と一口に言っても、得意分野はそれぞれ違います。

単行本の編集に慣れていない、あるいは編集スタッフがいない印刷会社に頼んだ場合、まれに著者の文章がそのまま本になってしまうことがあります。漢字や表記の間違いがそのまま印刷されてしまう危険性がありますから、必ず事前に確かめてください。ただし、編集者をつけてほしいと申し出れば、印刷会社お抱えの編集者を手配してくれますから安心です。

あなたが頼もうと思っている印刷会社が自費出版もしているということでしたら、これまでどんな本を作ったのか、見本を見せてもらうといいでしょう。出版社にしても印刷会社にしても、また新聞社などに頼む場合でも、実際にそこが作った作品を見せてもらうことです。お安い買物ではありませんので、慎重に行動してください。

編集者の役割については、今一度詳しくお話しします。

編集者の役割

●原稿の内容についてアドバイスしてくれます
表現の誤り・漢字の間違いや表記の統一、差別的なことが書かれていないかなどについての具体的な指導をしてくれます。

●本づくり全般を指導してくれます
文字の大きさ、書体、行数、表紙デザイン、部数などについての指導をはじめ、写真や挿し絵をどのあたりに入れるかなどの細かいことまで、本づくりのスタートから完成に至るすべての面倒をみてくれます。

●編集者に支払う費用について
編集にかかる費用は原稿の完成度によっても違ってきますが、全費用の2割前後と考えていいでしょう。ただし全体の見積りの中に含まれますので、別途支払うわけではありません。それを高いと思うか安いと感じるかは、各々のとらえ方です。

自分史の本って、どこで作るの？

質問 10

私は7人きょうだいの末っ子、ありがたいことに全員が健在です。先日、みんなで集まったときのこと。「みんなが元気なうちに自分史を書くから楽しみにしていて」と話すと、兄嫁のひとりから「そんな身内の恥を世間にさらすようなことはやめてほしい」と言われました。私はそんなつもりは毛頭ありません。ですが、書くとなると身内のことも少しは書くことになると思います。自分史を出版した人たちは、周囲とのトラブルはなかったのでしょうか。

(55歳・女性)

◆アドバイス

20年ほど前のことです。知り合いの近くに住んでいた人が一冊の本を出しました。まだ自費出版がめずらしかった時代です。著者は大学を卒業したばかりの娘さんでした。

地方の小さな町に住む彼女の家族は、地域の慣習に疑問を感じながら暮らしていたようです。冠婚葬祭、町内会の諸々の行事、普段の近所づきあいなど、特に地方の町にはその土地ならではの、古いしきたりが残っています。

表立って反対はできないが、家族の会話の中にしょっちゅう「まいっちゃうなぁ」と、不満が出てくる。娘さんは若者特有の正義感からでしょう、なんとかしなければと思うようになり、「みんなが住みやすい町に変えよう、古くからある慣習をなくそう」という内容の本を書いたのです。
　自費で何部かを作り、当然のようにご近所の家々にも配りました。さあ、そのあとがたいへんでした。代々その地に住んでいた一家でしたが、本がきっかけとなって地域の人たちから完全に疎外され、ついには町を追われてしまうのです。その本は自分史ではありませんでしたが、一冊の本が巻きおこした騒動から、私たちが学ぶことは多いと思います。
　心の中の不平不満やつぶやきを取捨選択せず、そのまま文章にして発表してしまうと、こうしたトラブルが発生するのです。私は実際にはその本を読んでいませんが、たぶん書き方もひとりよがりだったのでしょう。古い慣習の「短所」を書くなら、「長所」にも目を向けられる心の広さが必要なのです。
　また著者は書き上げた原稿を、おそらく家族にも誰にも見せないまま印刷を頼んだのだと思われます。本になる前に、家族なり編集者なりが原稿を読んでいれば、そのようなトラブルは避けられたことでしょう。
　文章というものは、書き方によっては訴訟問題にまで発展することもありますから、内容や表現には細心の注意を払わなくてはなりません。フィクションと分かっている小説にしても、モデルとなった人が著者を訴える例はいくつもあります。私がこれまでに寄贈していただいた自分史の中にも、こちらがハラハラする内容や表現が結構多くありました。特にもめごとの相手が実名、あるいは明らかに誰なのか分かる書き方がしてあると、読んでいてあまりいい気分はしません。姑との確執、夫婦の不仲、異性遍歴、子供の非行歴など、あまりにもあからさまに書いてあると、何もここまで書かなくてもという気持ちにさせられます。

人の心理とは不思議なもので、他人のプライバシーは「少しは知りたいが、すべては知りたくない」ものなのです。

あなたが書いたことで傷つく人、困る人を作らないよう、何を書き何を書くべきではないかをよく考えることです。自分が書かれる立場に立てば分かることですね。

実名で書く場合は、それが家族であっても承諾を取ったほうがいいでしょう。くどいようですが、身内が思い出したくないようなもめごと、恋愛問題、事件などは、「それを本当に登場させる必要があるかどうか」を十分検討してください。

そして、書いたものは印刷する前に必ず誰かに読んでもらうことを忘れないでください。身近に読んでくれる人がいない場合は、編集者にチェックしてもらいます。これはプロの作家もまったく同じです。編集者の厳しい批評眼があってこそ、いい作品が生まれるのです。

さて、あなたの兄嫁さんは、あなたが暴露本のようなものを書こうとしていると、勘違いをしていらっしゃるのでしょう。

自分史は自分を書くものです。

身内の恥をさらすものでも、周辺の人たちの人物スケッチに終始するものでもありません。

爽やかな自分史を完成させて、心配性の兄嫁さんをビックリさせてあげてください。

質問 11

書かれる立場に立って書くことは、よく分かりました。

こんなことを聞くのは恥ずかしいのですが、では何を書いたらいいのでしょう。自分のことなのに、雲をつかむようで分かりません。まえがきを書くことも分かりました。書き出しの場面も何となく浮かびます。では、そのあとどのように進めたらいいのですか。

（63歳・女性）

◆アドバイス

家を建築するときの「設計」にあたる作業を、ここで考えてみましょう。

人によっては、「設計図などいらない。心の向くままに書きたい。私は計画を立てると、かえって何ごともうまくいかない」と言われる方もあるかもしれませんが、先々混乱しないために、やはりおおよそのプランを決めてから執筆に取りかかるべきでしょう。

自分史における設計とは、「目次づくり」にあたります。

まえがきを書き、書き出しの場面を決めたら、次は目次を作っていきましょう。

まず、これまでの人生における「自分にとっての十大ニュース」を思いつくままに書き出していきます。

訂正・変更はあとでいくらでもできます。年末になると、各新聞が

「今年の十大ニュース」を特集しますよね。あの要領で「自分にとっての十大ニュース」を、ノートかメモ用紙で構いませんから書き出してください。

ちょうど10という意味ではありません。20でも30でもいいのです。とにかく思い出深いできごとを書き出していきます。区切りのいいところで、第一章、第二章…と分けていくのもいいでしょう。

ただし、ここで作る目次はあくまでも「仮目次」です。本文を書いていく途中で追加したり削ったりということになると思いますから、あとで変更可能な「仮」の目次にします。

私の教室の生徒さんが作った目次を例にあげておきますので、参考にしてください。

目次例1

書名　**時は川の流れ**

著者　**杉浦節子**

■はじめに

《第1部》　いつも前を向いて

①家出

思い悩む日々

養子縁組してわが子に

決意

居候のころ

ここにいてはいけない

②離婚

再出発を約束

目次例 2

書名 キーワードは「6」

著者 山田　雅

■はじめに

《第１部》　「6」がキーワードの私の半生

① 16歳〈家が破産〉

◇高校は中退でいいわ

◇早食いはデブのもと

◇明日からはひとりで

◇３年遅れの大学

② 26歳〈結婚〉

◇腰を痛めて方向転換

◇プラス10のつもりがマイナス３

◇１年ごとのお引っ越し

③ 36歳〈姑との同居〉

◇誤診だった

◇知らなかった息子の日々

◇繰り返す入院

④ 46歳〈４世代同居〉

◇不登校

◇大おばあちゃんがやってきた

◇人生の幕の引きかた

◇転職を考える

◇終の住みかを探して

目次例3

書名 イタリア人になりたい

著者 古市ちよえ

■まえがき・・・・・しあわせはお手玉のように

①ミセスとしての私

寿司で釣られた

ザ・タイツ

夫よりずっと一緒にいる人

トスカーナ色のマーブルペーパー

加速するビー玉

母さんの手はボイルドソーセージ

容疑者

イタリア人になりたい

②物心ついたころの私

ごえもん風呂の夢

パイナップルの図書館

マッチ棒のヒ・ミ・ツ

粘土の爪

③小学校時代の私

お好焼きは40センチ

札束は百円札

黒い前歯

マニキュアを買う小学生

武器は木琴のバチ

質問 12

エッセイ教室に10年間通っています。これまでに原稿用紙3～5枚の身辺雑記をたくさん書きました。出版するときはそのエッセイも何編か載せたいのですが、エッセイと自分史とは区別しなければなりませんか。何かいい方法はありますか。

（47歳・女性）

◆アドバイス

私も経験がありますが、教室に通っていると、宿題で書いた文章がどんどんたまっていきます。中には「もう二度とこんな風には書けないわ」と思える密かな自信作もあったりして、このまましまっておくのはもったいない、できれば日の目を見せてやりたいと思うのは著者として当然のことでしょう。

それに、長編の自分史を書くのは気が重いけれど、ふだんの生活の中で体験したことや感じたことを短いエッセイにして残しておきたいと思っている人は、案外多いのではないでしょうか。

私は全編エッセイでも、立派な自分史になると思います。ちなみにさきほどあげた目次例の最後の作品は、全編エッセイで構成された自分史です。

エッセイも自分史と同じように、「自分を中心に据え、自分にしか書けないことを書く」ものです。エッセイについての解説や作法は、本書のPart2を読んでください。

私の教室では、一冊の自分史の第一部を「編年式」、第二部を「エッセイ集」とする二部構成を生徒さんにすすめています。

これを私は「内藤式」と命名し、教室以外の短期講座などでも受講生のみなさんにおすすめしています。

「編年式」とは、時代を追って書くこと。自分の半生を綴るロングエッセイといえましょう。ただし前にも言いましたように、オギャーと生まれたときから書く必要はありません。全体の内容が「半生記」となっているもののことを、ここでは言います。

「内藤式」の第二部「エッセイ集」は、今まで書きためたエッセイ、あるいはこれから書きたいエッセイを、年代順、季節ごと、テーマ別などに並べます。

もちろん、一冊丸々「編年式」でいきたい方も多いでしょう。実際、これまで私たちが目にした自分史のほとんどが編年式です。

パターンを表にしてみました。

あなたが、一番書きやすいと思われる方法で書かれることです。

「短篇エッセイだけで綴る自分史」も、なかなかお洒落で小粋ですよ。

【自分史のスタイル】

書き始める前に、全体像をイメージしよう

	編年式（年表形式）	エッセイ集スタイル	編年式とエッセイの二部構成（内藤式）
	まえがき（1〜3枚）	まえがき（1〜3枚）	まえがき（1〜3枚）
本文構成	◎子供時代 出生地、家族・家業 両親・兄弟・原風景 幼稚園・小学生時代 ◎学生時代 中学生時代（受験） 高校・大学時代 部活・恩師・旅行 初恋・友情・恋愛 ◎青年・壮年期 職場・仕事内容 結婚（出会い） 家族・子育て 子供の成長 ◎現場に近い過去 交友関係・旅行 心に残るできごと 仕事・趣味・闘病 ◎現在の生活・心境 未来への希望・計画 経験から学んだこと （書く順序ではありません）	書きためたエッセイを読み直し、古くなっていると感じたもの、書き直したいものに手を入れる。その際、文体（ですます調・である調）を統一すると、流れがスマートになる。 （写真・挿し絵は編年式より少なめに） 目次を作る。つまり作品の並べ方を決める。似たような作品が重なる場合は取捨選択を。全体の枚数が不足している場合はできれば時代的、題材的に抜け落ちているものを追加。 エッセイはついつい教訓的、常識論的になりがち。発表の前に何度も推敲を重ねよう。	◎第一部 **編年式自分史** 写真・挿し絵は適宜 章立て（目次づくり）は左記の編年式を参考に。 ◎第二部 **エッセイ集** 写真・挿し絵は第一部より少なめが理想 章立ては左記のエッセイ集の構成を参考に。 ※この形式にすると習作のエッセイも無駄なく活用できる。読みやすく万人向け。内藤は、こちらの併用スタイルをお薦めします。
	あとがき	あとがき	あとがき

質問 13

私は若いころから写真を趣味にしてきました。大きなコンクールに入賞したこともあります。逆に文章を書くのはどうも苦手なのです。写真を中心にした自分史というものはできないでしょうか。

（72歳・男性）

◆アドバイス

自分史の作り方は基本的には自由です。最近は「アルバム自分史」とでも言いましょうか、写真を主役に据え、気のきいた解説や短いエッセイを写真の脇に添えた自分史もときどき見かけます。

写真を中心にした自分史を作られるなら、ぜひ次のことに注意してください。

- 卒業写真や団体旅行の集合写真のような、関係者一同がびっしり写っている写真は、できれば少なめにします。
  自分という人間の軌跡がよく分かる写真を厳選することです。
- よそゆきの写真ばかりを並べないようにします。
  生活感がにじむ写真の中にこそ、あなたのかけがえのない歴史が残っているのです。
- １ページに載せる写真の枚数は、できる限り少なくします。
  余白を取らず、息が詰まるほどに満載されたものを時々見かけますが、最近は選びぬいた写真を少しだけ載せるほうが好まれます。添える文章も詩のように改行を多くし、全体にシンプルにまとめたほうが上品で見やすいものです。

選びぬいた写真で全体をシンプルにまとめましょう。

質問 14

私は短歌を趣味としています。自分史のような歌集を出版したいと思っていますが、歌集では自分史にはならないでしょうか。

（66歳・女性）

◆アドバイス

作品というものは、どの分野においても作者の歴史そのものです。歌集も広い意味で解釈すれば、自分史に違いありません。

より自分史の味わいを濃くする方法として、一冊の歌集の中に、あなたらしい文章を載せられたらいかがでしょう。冒頭、巻末、作品と作品の間など、ふさわしいと判断した場所に「作品にまつわるエピソード」などを入れていくのです。

私の身近でも、多くの人たちが歌集・句集・詩集などを出版しています。その人たちは、「まえがきやあとがきという形で」、あるいは「作品の解説文として」、お人柄のにじむ素敵なエッセイを効果的に入れています。

私の教室の生徒さんの中にも、長年俳句を趣味にしている女性がいます。彼女の場合は、エッセイの前後や途中にタイミングよく俳句を挿入して、独自の世界を作っています。

また、ごく身近なところでは、私の亡き父の句集「美の切抜帖」の例があります。

私の父は今から40年前に41歳で他界しています。その父が20代のころ戦地（中国大陸）で主宰していた句会の作品集が私の手元に遺っていましたので、昨年、それを私が本という形にして自費出版しました。

私はその句集を父の自分史であると、自信を持って言うことができます。句会の仲間も亡くなられている方が多いので残念ですが、亡き父・平野政市を編者とし、娘の私が構成を手伝うという形で一冊の本が出来上がりました。

本には、その本を発行したいきさつや、句会が開かれていた社会的背景などを、まえがきとあとがきという形で私が書きました。

まえがき「この句集を出版するにあたって」と、あとがき「赤き黄河の流れに」を書いたことで、自分史の意味合いがさらに濃くなったと思っています。

本は500部作り、出版社にも一部販売をお願いしましたところ、新聞が大きく取り上げてくれたこともあって、手元には数冊しか残らないというありがたい反響を得られました。父も天国で喜んでくれていると思います。

参考にしていただくために、そのまえがきとあとがきをここにご紹介します。どちらもかなり長い文章となってしまったのは、句会が開かれていた時代があまりにも遠く、極めて複雑な状況下にあったからです。自分史は形式にとらわれないもの、その一例としてヒントにしてください。

〈美の切抜帖・まえがき〉

本書は中国北部（河南省・商邱）で敗戦を迎え、復員を待つ五ヵ月間（昭和二十年十二月八日から翌二十一年四月十一日ま

で)、現地で開かれていた句会「早春会」の作品記録である。

昭和三十六年に病死した父・平野政市が戦地から大切に持ち帰った謄写版刷りの句誌「美の切り抜き帖」を、私はいつかはこうした「本」という形にしたいと想っていた。

父が戦地にあっても好きな作句を忘れず、句会をまとめ、句誌の編集に携わっていたことを、私は娘として誇りに思ってきた。もっとも敗戦の年の父は、まだ独身の二十五歳。復員二年後に私の母・志き枝と結婚し私はその翌年に生まれている。

父の後を追うように、昭和四十二年、母・志き枝も病いに倒れた。亡くなる直前の母から私に手渡された父の遺品の中に、手書き・ガリ版刷りの「美の切り抜き帖」はあった。編集も文字も、父・政市の手によるものである。

父は復員後、名古屋市中村区で金物小売店を開業。近所で開かれていた句会にも熱心に通い続けた。が、どういうわけかそのころの記録はまったく残っていない。

表紙が少し黄ばんだ「美の切り抜き帖」を母から受け取ったとき十七歳だった私も、もう五十歳になった。若くして逝った父の無念さを思うようになった。

父と共に過ごせたのは、わずか十二年だった。

父とは、どんな人だったのだろう。

抱いていた夢とは、何だったのか。

戦火の中の青春とは…

本書の中に、それを見つけてほしい。という、父・政市の声なき声を感じています。

内藤洋子

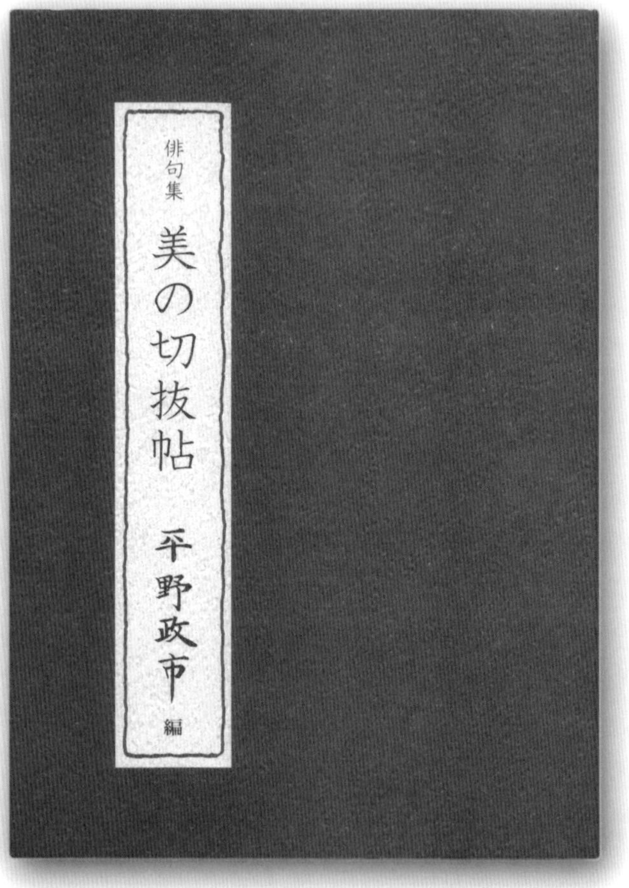

美の切抜帖

〔美の切抜帖・あとがき〕

【赤き黄河の流れに】

父と戦争を同時にイメージするとき、私にはいつも、生まれ育った家でのある光景が浮かんでくる。あれは私が小学校三、四年生のときだったから、昭和三十年代の前半。父はまだ三十代の健康そのもののころだった。

名古屋市内で金物小売店を営んでいた我が家は一日の仕事を終えた夜八時ぐらいになると、店の雨戸の半分を閉めた。すぐ裏が「中村遊廓」という夜通し眠らない街だったこともあり、半分だけ立てた雨戸には遅がけの客を期待する商売熱心だった父母の知恵と工夫があったのだろう。当時はまだ名古屋駅に近い地域とはいえど、地元密着型の商店街には街灯はなく、夜になると未舗装道路の両側に点在する商店から漏れてくる電灯の明かりだけが頼りの、今から思えばいかにも寂しげな表通りに私の家はあった。

その商いの半分だけを機能させた夜の金物店の店舗部分の奥に畳み敷きの居間があり、四畳半だっと覚えているが、大きな本棚も電畜もあったから、ひっとしたら六畳ぐらいのまあまあの広さの部屋だったのかもしれない。居間の真ん中の掘りごたつ式テーブルを囲み、私たち六人家族は年じゅう賑やかに話をしたものだ。

もっとも会話は祖父母と両親が中心で、私と弟は夏は扇風機に当たりながら、冬は掘りごたつの布団から顔だけをポコッと出し、大人たちの話を聞くとはなしに聞きながら宿題をしたり、子供だけの話をした。時折、店のガラス戸がガラガラッと開く音がして、そんなときはまだ本当に若かった母が決まってサッと立ち上がると、タタキの土間に下りて店先に走り、遅い買物客にも感じよく応対していたことを覚えている。

その家族の集まる部屋である日のこと、小学生の私は父に突然聞いたのだった。

「お父さん、戦争に行っていたときのことを教えてちょうだい」

普段から陽気な性格で、家族で一番口数の多い父が、すると急に深刻な顔でうつむいて黙り込んでしまったので驚いた。やはりいけないことを聞いてしまったんだと、私は小さな胸が痛くなり、父を困らせたことを後悔した。幼心にも、それまでも戦争という言葉を軽々しく口にしてならないと、私なりにちゃんと分かっていたのだが…。

けれど少しずつ大きくなり、私は何にでも興味を持つころとなり、父のアルバムの軍服姿にも中国大陸の写真にも映画や本には出てこない何かが隠れているようで、特に馬上の父の勇姿にはワクワクさせられるものがあった。

やがて、うつむいていた父は娘をとがめることをせず、意を決したように顔を上げ、ポツリとこんな前置きを言った。

「これから話すことはよその人には話してならん。戦争とはむごいものだ。お前たちには想像できん」

終戦の日から十数年が経っていた。父の中での戦争は遠い過去のものなのか、今も引きずる傷なのか、当時の私には当然のように理解不能なことである。まして私は戦後の昭和二十四年に生まれている。

さてその父の話とは、若い下士官のころのこと。ある晩急に上官から、部隊のみんなの朝飯の米をこれから川で研いでこいと言われた。命令された二十歳ぐらいの父は、暗い川辺に何人かの兵士と米を研ぎにでかけたという。それが戦闘前夜だったのかどうなのか、今では確かめる術もないのだが、ともかく父は命令下、黄河の支流となる川で黙々と米を洗っていた。

すると川上から異常に大量の流木が次々と流れてくる。闇夜のことで、その流木を片手でよけながら米を研いだ。家庭での量とは当然違うから、しばらく作業をしたのだろう。そうして次の朝になり、再び川辺に行った父は、流木と思ってよけていた物の正体に愕然とする。川面に浮かんでいた物は、すべてが人の亡骸だった—。

父の話を聞くうちに、いつしかコタツの四方から私の家族の者たちは額を寄せあうようにした。返事も忘れて黙りこくる。騎兵としての激戦の様子や父が途中から属していた機関銃中隊での役割などは、父は一切話さなかった。あとで思えば「武勇伝」は、つまり人殺しの体験を得々と家族に語ることだ。父の口からは語られず、だから父は今もなお優しいお父さんのままでいる。

黄河は赤く濁った川という。黄河のほとりに立ち尽くす、まだ青年だった父・政市は赤い川面に何を見たのだろう。生きることの儚さか。いや、だからこそ生きていることの重さを知った、特別な朝だったのではないだろうか。

その父が戦地から持ち帰った所持品の中に、本書の原本である『美の切抜帖』があったのである。中国北部で敗戦を迎え、内地に帰還するまでの五ヵ月間、父が世話役となり作られた「早春会」の句誌である。父のガリ版の文字が懐かしく、編者の記も父らしい優しい文体で書いてある。

短い青春を戦争に捧げ、しかも早くして病いで逝った父のことを、私は不運な人生と思ってきた。けれど父の尊い一生を不運と決めつけたことを今は恥じる。

「洋子。毎日が人生なんだよ」

小学生だった私にほほえみかけながら父がよく言った言葉だ。敗戦から五十五年。父が逝ってから四十年という歳月が過ぎた。

本書の父の文章の中に、私の好きな一行がある。

〈ああ、床し楽しきは詠句の集いである〉

父は父の人生を美しく自分らしく、同好の士にも愛されて、短くとも幸福に幸福に生き抜いたのだ。

最後になりましたが取材にご協力くださいました皆様方に心からお礼を申し上げますとともに、戦場に散られました尊い多くの魂に心から哀悼の意を捧げます。

内藤洋子

質問 16

中学校時代の恩師が自分史を出版され、私にも一冊送ってくださいました。さっそくお礼状をと思っているのですが、感想を書いた手紙だけでは申し訳ないように思います。ご祝いを送るべきでしょうか。送るとしたら何を目安に金額を決めればいいのでしょう。本はケースに入った、かなり立派なものです。

（48歳・女性）

◆アドバイス

あなたが近々出版される予定なら、感想を書いたお礼状の中にその旨を添え、後日、完成したあなたの本を贈るのが一番スマートです。まだまだ先ということでしたら、やはり無理のない程度のお祝いを贈ったほうがいいでしょう。現金もいいとは思いますが、書籍のお返しですから、図書券や図書カードもふさわしいと思います。

また、自費出版をした直後の著者は、出来上がった本をあちこちに送るために大量の切手を使いますから、切手もたいへん喜ばれます。私は前述の父の本を出したとき、切手が一番助かりました。

現金、図書券、切手などの金額については、同等の造りの市販本の価格を目安にします。それに郵送費をプラスし、キリのいい数字にされたらどうでしょう。

また最近は、自費出版の本にも価格が明記されるケースが増えていますから、本をよく見て価格を確認することを忘れないでください。

自費出版の本に価格をつけることを嫌う人がいますが、贈呈された側にすれば、余計な心配をしなくてもいいので助かるものです。

いずれにしろ、お祝いやお礼というものは、相手との間柄によって微妙に異なりますから、グループでまとめてご祝儀を送ったり、相手の好みが分かっていれば、気のきいたプレゼントでもいいでしょう。

また、ご祝儀は不要と思う場合も、エチケットとして感想を書いたお礼状ぐらいは出しましょう。自己表現というものは、受け手の反応があってこそ生きるものなのです。

質問 17

私の夫は3年前から病床に伏しています。まだ症状の軽かった時期にワープロを覚え、せっせと書いた自分史の原稿が、原稿用紙で80枚ぐらいあります。最近は体力的に無理になり、書きかけの原稿はホコリをかぶっています。本人は本を出したいといいますが、内容が中途半端です。どうしたらいいのでしょう。

（65歳・女性）

◆アドバイス

よく似た例がありますので、ご紹介します。

4年前のことでした。出版社から、「難病に冒された女性が自分史を出版したいとおっしゃっている。手先が震えてワープロがもう打てない。続きを内藤さんが書いてくれないか」と、電話が入りました。

さっそく私は書きかけの原稿を読ませてもらいました。週単位で進む症状と闘いながら書かれた文章からは、残された命を力強く生きようとする著者のたくましさと、介護してくれるご主人への愛情が満ちあふれ、私は同じ女性として共感し、また大いに反省もし、ぜひ続きを書きたいと思いました。

すぐに著者である冨永博子さんに会いにいくと、自宅で車椅子に座って迎えてくれた彼女にはすでに軽い言語障害が見られましたが、ニコニコと笑顔を絶やさない、とても60歳とは思えないチャーミングな女性でした。

発症のころの話、症状の進み具合と治療法、重い障害を抱えながら日常生活を送るさまざまな工夫などを、「ありのままに知っていただくことで、家内は同じ病気で闘っている人たちのお役に立ちたいのですよ」と、陽気なご主人がご本人に代わって、詳しく話してくださいました。

おふたりは船旅が大好きということで、本にはクルーズ体験も満載しようということになりました。仲のいいおふたりの会話の面白さは絶品で、テープやメモを録る私は感心を通り越し、ご夫婦の絆の強さにひたすら感激しながら楽しくお話をうかがいました。

ご本人が書かれていた原稿は全体の3分の2ぐらいの分量でした。残る3分の1は、私が博子さんご本人、ご主人、娘さんたちから口頭で取材し、ご本人に代わって書いたものです。

ご主人には、「博子、出版おめでとう！」というタイトルで心優しいエッセイを添えていただき、本の帯の文は、ご夫妻と親しい俳優の大村崑さんが寄せてくれました。

本はその半年後、『心はどこへでも・ＶＩＶＡ飛鳥100泊　車椅子の旅』というタイトルで完成（著者・冨永博子、構成・内藤洋子　エフエー出版刊）。新聞、雑誌、テレビ、ラジオにも大きく取り上げられ、本屋でもよく売れ、増刷もされています。

あなたのケースも、ご主人がせっかくコツコツ書かれた原稿なのですから、それを生かすべきだと思います。

ご主人の書かれた原稿を生かす方法は2つあります。

①前述のケースのように単行本の発行に慣れている出版社に相談し、口述筆記によって内容を補足します。口述筆記とは、出版社のスタッフかライター（文章を書くことを仕事にしている人）がご本人か

俳優の大村崑さんからメッセージをいただいた
冨永さんの著書

ら話を聞き、代わりに原稿を書くことです。費用は多少加算されますが、前もって見積もりを取れば安心です。

②あなたかご家族、あるいはご本人が心を許せる人が話を聞き、根気よく口述筆記します。（録音テープを録り、メモ用紙やノートなどに内容を書き留め、原稿用紙に清書、もしくはワープロ原稿にします）

文章に自信が持てない場合は、出版社に依頼すればリライト（文章に修正や訂正を加えて書きなおすこと）をしてくれます。

リライトされた原稿は、印刷をする前に著者が内容をチェックできます。そこで内容の食い違いや微妙なニュアンスの違いなどを訂正しながら、完成に近づけていきます。

名古屋市内のホテルにて、
喜びの出版記念パーティー
著者・冨永博子さんを囲んで。
左がご主人、右は私（内藤）

質問 18

私は横書きの本を出したいと思っています。英語教師をしていましたので、研究内容を織り交ぜたるためにも横書きの方が断然書きやすいのです。今まで目にした自分史のほとんどは縦書きでした。横書きは自分史にはふさわしくないのでしょうか。何冊ぐらい作ったらいいかということも、教えてください。

（67歳・男性）

◆アドバイス

最近は本も横書きが多くなり、テキスト、社史、記念誌などは横書きが大半を占めています。この本もご覧のように横書きです。

自分史に決められた形式はありません。横書きの自分史もこのごろよく見かけますよ。

私が短期講座の講師としておじゃましたことのある「日本自分史センター」（愛知県春日井市鳥居松町５丁目44番地「文化フォーラム春日井」文芸館２Ｆ）では、自分史の本がいつでも閲覧できますが、（2,517作品・2001,10末現在）横書きの自分史も決してめずらしくありません。

ちなみに、「日本自分史センター」は自分史づくりを公的にサポートする数少ない機関として、全国から熱い注目を浴びています。常設講座やシンポジウムも活発に開かれていますので、関心のある方はぜひ訪れてみてください。

春日井市役所に隣接する「文化フォーラム春日井」

「文化フォーラム春日井」は、文芸館と図書館で構成される複合文化施設です。日本自分史センターは、この文芸館の２階にオープンした全国の自治体として初めての施設で、自分史作品の収集・保存や閲覧、自分史に関する相談などの事業に取り組んでいます。

横書きの自分史については、私の教室の生徒さんも、今のところひとりだけですが書いています。パソコンの普及もあり、私たちは横書きの印刷物に違和感を覚えなくなりました。これからは本も横書きが増えることでしょう。

自分史の印刷部数に関しては、人によって交際範囲が違いますから一概には言えませんが、私の知る範囲では300冊前後が一番多いですね。

本というものは、部数が増えても料金はそれほど変わらないものです。あとで追加すると割高になりますから、予想よりはいくぶん多めに作るほうが賢明だと思います。

質問 19

5年前に自分史を自費出版し、大失敗しました。本の大きさは中途半端ですし、印刷ミスも多く、写真もピンボケでした。

全体の構成も活字や紙の感じも、私が想像していたものとはかけ離れていました。知人に紹介された出版社に任せたのですが、気に入らないものに100万円以上もかけてしまい、後悔しています。

今度こそ納得のいくものを作りたいのですが、どんな点に気をつけたらいいのでしょうか。

（65歳・女性）

◆アドバイス

なぜそうなってしまったのでしょう。

どうして事前に入念な打ち合せができなかったのでしょうか。

本づくりに慣れていない出版社だったのでしょうか。

いずれにしろ本を作るときは、著者は「原稿を書き上げたらそれでおしまい」ではありません。本の大きさ、活字の大きさ・書体、表紙デザインはもちろんのこと、掲載写真の位置や鮮明さにいたるまで、著者本人もじっくり考え、最終的な確認までおこないます。

業者（出版社・印刷会社など）は相談には乗ってくれますが、最終的に決めるのはあなたなのです。

原稿の「校正」にも、あなた自身が関わらなくてはなりません。

校正とは、ゲラ（原稿を活字に打ち出したもの）を見て、間違った文字や表記などを直していくこと。長い月日をかけて原稿を書き上げホッとするあまり、「もうすっかり疲れてしまいした。あとは全部お任せします」と業者任せにすると、どうしても食い違いが生じてしまいます。

次回は決して人任せにしないで、どんな細かいことも、必ずご自分の目で確かめてください。最近は業者がパソコンを駆使して出来上がりとほとんど変わらない見本を作ってくれますので、しっかり確認さえすれば、問題は起こらないはずです。

校正の段階でできることは、文字や表記の間違いをチェックするだけでなく、文章の書直しもある程度は可能です。校正の方法は業者が教えてくれますからご心配いりません。

校正は、気になる箇所を書き直す最後のチャンスです。ただし、枚数が大幅に変わるほどの書直しは普通はできません。

最初の校正を「初校」（または第一校）、それをもう一度見なおすことを「再校」（または第二校）といいます。自費出版の場合、著者は一般的には再校まで関わることができます。

じっくり考え、よく話し合い、しっかりチェックして、今度は納得のいく本を作ってください。

質問 20

自分史の原稿を半分ぐらい書いてあります。自費出版のことはだいたい分かりましたが、私は若いころからの夢でもある「本屋で販売される本」を出したいのです。文章を書く者の究極の夢は、やはり市販される本を出すことではないでしょうか。

欲張るわけではありませんが、印税というものも一度は受け取ってみたいと思います。作品を商業出版として世に送り出すには、いったいどのようなことをしたらいいのでしょうか。

（51歳・男性）

◆アドバイス

あなたのお気持ちはよく分かります。不景気な時代とはいえ、本屋にはあふれんばかりの新刊書が並び、中にはアマチュア作家とでもいいましょうか、初めて書いた本（しかも自分史！）がベストセラーとなっていることもありますから。いったいどんな経緯をたどったのか。それを知りたいのは、あなただけではないと思います。

そういう私も高校生のころから、いつか頑張って本を書き、自分の本が本屋の店頭を華々しく飾ることを心密かに夢見てきました。その夢がかない幸運なことに、11年前に初めて書いた『わが故郷は平野金物店』は商業出版され、ベストセラーにもなりました。

町の公民館講座の作文教室に通っていた普通の主婦（つまり私）が本の印税を受け取り、さらには、これも一度は体験したいと思っていた講演会にもしばしば招かれるようになったのですから、「本の力」というものをつくづく実感しています。
よく友人などから、「あなたの心臓の強さなら、どこにだって売り込めるわよね」と言われるのですが、実は私の場合は自分から売り込んだわけではありませんでした。前にも少し書きましたが、通っていた作文教室で書いた短い文章をたまたま知人に何編か渡したところ、その人がよく知る出版社に知らないうちに売り込んでくれたのです。よく似たエピソードを聞いたことはありましたが、自分にもそんな幸運が舞い込むとは、原稿を知人に渡した時点では考えてもいませんでした。
たしかに私自身も、いつの日か青春時代の体験を本に書き（子供のころ両親をなくしたこともあり、かなりユニークな青春を送った）、できることなら多くの人に読んでほしいと望んでいました。そのためには文章を基礎から勉強しなくてはと思い立ち、近所の公民館講座に通っていたのです。
また私には弟がひとりいますが、私が作文教室に通っていた当時、弟・平野謙（現在は千葉ロッテマリーンズ一軍ヘッドコーチ）はプロ野球の現役選手であり、しかもそのころ日本一強かった西武ライオンズのレギュラー選手でした。弟の存在が「チャンスの後押し」をしてくれたのだと、感謝しています。
といういきさつで、出版の世界と関わりを持つようになった私ですが、私の知るかぎりの売り込み方法とは、やはり的を得た作戦を練ることではないかと思います。原稿の束を抱えてあてもなく出版社回りをしても、無駄な時間を費やすだけでしょう。
まずは普段から新聞・雑誌などの書籍広告をよくチェックし、自分の作品に興味を持ってくれそうな出版社を探しておかれたらどうでし

私の夢はベストセラー作家なのだ！

ょう。もちろんそこが出している本を実際に読み、相性のようなものも確かめておきます。本に挟まれている「出版目録」を見て、その出版社の方向性をつかむことも大切です。あなたの作品とまったく違う傾向のものを得意とする出版社に原稿を持ち込んでも、忙しい編集者は実績のない著者の作品など、なかなか読んではくれませんから。

もしも紹介者がある場合は、そのつてを大いに利用されるといいでしょう。「まずは編集者に読んでもらう」という第一関門を突破することができるからです。

さて、あなたの作品に合いそうな出版社を見つけたら、次は前もって手紙か電話で、原稿を読んでほしい旨を連絡します。

いきなり原稿の束を持ち込んだり、郵送や宅配で送り付けるような不躾なまねはしないでください。見知らぬ人間が書いた長い原稿を読んでもらうのですから、相手の都合を考慮した行動をとるのは最低限のマナーです。

原稿はきちんと書き上げたものを持ち込んでください。

「これからこういうものを書きたい」と壮大なプランだけを持ち込んでみても、作品そのものがなければ相手にされません。

また原稿が読みやすく書かれていることも、ちゃんと読まれるための大切な要素です。文字の上手下手という問題ではありません。普通には読めないような行書や乱暴に書きなぐったもの、薄汚れている原稿などは読み手に対して失礼にあたります。

何年か前、私はある出版社で、紹介者の手を経て編集者の元に届いた原稿をたまたまチラッと目にしたことがあります。編集者はその原稿を手に苦笑していました。ワラ半紙のような升目のない用紙にぐにゃぐにゃと書かれ、ときどきチラシ広告の裏に書かれたものまでが混じっているのです。それでは誰も読む気になどなりません。下書きなら広告チラシの裏でも何でも構いませんが、人に読んでもらう原稿となれば問題外というものです。

公募にチャレンジして道を切り開く方法もあります。

ここ数年、公募による作品募集がぐっと多くなりました。数種類の公募専門の月刊誌も市販されていますので、賞を狙うのも商業出版へのひとつの道です。いずれにしろ夢を叶えるためには、あきらめずに果敢に挑戦することですね。

ただ、商業出版の方が自費出版よりも上であるというような、偏った価値観は持たないでください。出版の目的や本の内容によっては、自費出版のほうがふさわしいケースも多いのです。

プロ作家をめざして、まずは自費出版で作品を世に問う方法もあります。今をときめくミステリー作家・内田康夫氏もデビュー作は自費出版でした。有名作家がデビュー前に自費で出版することは決してめずらしくありません。

このように、何が何でも商業出版にこぎつけようという気概も大切ですが、自分で原稿を書き、自分で費用を出し、自分の責任で情報を発信する自費出版こそ、本というものの本来の姿ではないでしょうか。

知的で勇敢で、ほかには例を見ない大人のたしなみだと思います。

教室の風景（栄中日文化センター）

質問 21

同窓会に出席した折、自分史を書いていることを友人のひとりに話しましたら、「そんなものを書くと、早死にするぞ」と言われてしまいました。私は現在64歳。友人の一言が気になっています。自分史を書くのにふさわしい年齢はあるのでしょうか。

（会社経営・男性）

◆アドバイス

決して早すぎるとは思いません。じっくり取り組む人は執筆に何年間もかかりますし、「気力・体力・時間」が自分の手の中にあるときがチャンスなのです。

私の教室には20代の生徒さんが何人かいます。30代、40代も大勢います。最年長者は86歳の女性です。このように自分史を書くのにふさわしい年齢、年代は特にはありません。あなたが書きたいと思ったときがベストなスタート地点なのです。人の言うことなど気にしないで、頑張って続きを書いてください。

また、自分史は一生に一冊と思っている人も多いようですが、労力や費用が許すのなら、私は何冊書いてもいいと思います。書き足りなかったことを書きたい場合もあるでしょう。テーマや視点を変えて書くのも面白いと思います。

私の親しい友人は最近４冊めを自費出版しました。彼女は日常の生活で感じたこと、疑問に思ったことなどを軽妙なエッセイで綴っています。30代には30代にしか書けない自分があり、50代になった彼女は50代の感性で軽やかに書いているのです。

ちなみに私は40歳から書きはじめ、本になったのは41歳のときでした。何につけてもひとりよがりであり、迷いも多かった30代と別れを告げ、またちょうど節目の40歳のときに自分の歩いてきた道をじっくり振り返ることができ、とてもいい体験だったと思っています。

と、まあそうは言っても、世の中には「自分史イコール遺書」と勘違いしている人が多いことは確かでしょう。たしかに高齢の方の中には遺書代わりにと考える人も少なくないようです。それはその人にとっての目的なのですから、尊重しなければなりません。ですが「自分史イコール遺書」というだけでは、あまりにも寂しい気がします。

これまでの人生を一度振り返ってみよう。自分の理解されていない部分を知ってほしい。それを文章という手段でまとめてみよう。本にする以上は、読まれて面白いものを書こう—。それが自分史であると私は思います。

また、私は自分史とは、「自分という人間の研究」とも考えます。出会った人、出合ったこと、自分の生きてきた時代などを今一度見つめ直すことで、「自分とは何者であるのか」を発見できる、とてもいい手段なのです。

自分自身が書物の題材となるのですから、自分を客観視するいい機会にもなります。そうして「自分という人間を作ってきたもの」を見つけ出し、それによってまた新しい一歩を踏み出すのです。自分史の執筆とは、なんて建設的な作業なのでしょう。

ですから、私は若い人にも自分史を書いてほしいと思っています。悩みの多い若者だからこそ、書くことによって社会や自分についてじっくり考える癖をつけてほしいのです。書くことで何かを発見し、生きる力を身につけてほしいのです。

さて、あなたがお友達に言われた「早死にするよ」という一言がどうしても気になるようでしたら、この機会にご自身に問いかけてみてください。「自分は本当に自分史を書きたいのか」と。

その問いにすら答えが出ないようでは、この先が心配です。他人の一言で意志がぐらついてしまうようなら、労力もお金も使う自分史の執筆はやめておかれた方が無難でしょう。

なぜなら、本を出したあとにこそ、周囲の人たちはさまざまな反応を示すものだからです。

共感してくれる人もいれば、「なんでこんなつまらないものを書いたのか」と、ケチをつける人も出てきます。それをいちいち気にしていては身が持ちません。

私のときも、周囲からずいぶん雑音が聞こえてきました。私のケースは特殊かもしれませんが、弟がプロ野球選手だったことで、「弟さんの名前に便乗して、うまいこと立ち回ったわねぇ」と、それはもう耳にタコができるほど言われました。

何十年間も会ったことのなかった旧友がわざわざ訪ねてきて、「実力で本が出たなんて勘違いするんじゃないわよ」と言い放っていったこともあります。警告のつもりだったのでしょうが、やはりいい気分はしませんでした。

世の中には、何につけても不愉快なことを言う人が必ずいるものです。「一冊の本から生まれる新しいドラマを、ひとつ楽しんでやろうか」ぐらいの、大らかな気持ちで取り組まれることですね。

質問 22

あと少しで自分史の原稿を書き終えます。今、書き終わりをどうしようか悩んでいます。実は現在、家庭内に少々問題を抱えており、今の自分の生活や心境についてはあまり書きたくないのです。書けば愚痴ばかりになってしまいそうで…。

さわやかなラストシーンを書きたいのですが、いい方法はありますか。

（71歳・女性）

◆アドバイス

書き終わりについては、現在を生きているあなたがいるのですからできれば現在に近い時代までを書いたほうがいいと思います。書く順序のことではありません。どこかに現在の自分を登場させたほうが読み手も分かりやすいですし、これからのあなたの人生設計や展望なども織り交ぜやすいでしょう。

ですが、書きたくないこと、気の向かないことを無理に書く必要はありません。あなたの本なのですから、あなたが書きたいことを書けばいいのです。

ただ、ラストシーンはかなり重要ですから、10年も20年も前のシーンでサヨウナラでは、読み手は消化不良を起こすでしょう。

書きたくないこと、書いておきたいことを心の中で微調整しつつ、できるだけ最近のシーンで終わらせることをおすすめします。

ラストシーンの質問が出ましたので、ここで「あとがき」についてお話ししましょう。

基本的には書いても書かなくても自由ですが、私はできれば書いたほうがいいと思います。「この本のために貴重なお時間を割いてくださってありがとう」という感謝の気持ちを書き表すことで、書き手と読み手にさらに通じ合う何かが生まれると思うからです。

本を手にしたとき、まずはあとがきから読むという人も案外多いものです。私も本を選ぶとき、最初にあとがきをパラパラと拾い読みします。

長い本文を書き終え、ふっと肩の力が抜けたあなたの素顔がのぞくような、そんな気負いのないあとがきをぜひ書いてください。

Part 2

ちょっとした書き方のコツ

付記　エッセイの書き方のポイント

自分史に決められた形式や書き方はありません。
ですが、発表を前提に書く文章は、
読み手が面白く読んでくれてこそ生きるもの。
読みやすく、まとまりもあり、
社会性もある自分史を書きたいものです。
ここからは、人の心を打つ、
喜ばれる自分史を書くための
「ちょっとした書き方のコツ」に入ります。
Part 1と重複する内容も出てきますが、
具体的な書き進め方を示します。

書き始める前に、まずは自分が書きたいものをハッキリ知ることから始めます。

私は自分史を、内容別に大まかに４つのタイプに分けて考えています。

①半生全般を振り返って書く
〈子供時代から現在までの、思い出深いできごと〉
②特定な期間の経験を書く
〈旅行・海外での生活体験・戦争体験・闘病記・介護体験など〉
③テーマを絞って書く
〈専門家として・趣味を通して・特異体験など〉
④エッセイ集
〈短いエッセイを並べる〉
※付記の「エッセイの書き方」を参考にしてください

あなたはどのタイプを書こうとしていますか。

ここでよく考えてください。おおよそのプランを持っている人も、自分がどれに当てはまるのかを、ここで再確認されるといいでしょう。漠然としていた全体像が、ハッキリ見えてくるはずです。

大まかなプランを立てたら、次に「まえがき」を書きます。

長さは数行でもＯＫですが、原稿用紙１～３枚が書きやすいと思います。次の４つのポイントを意識的に入れていくのがコツです。

①ごく簡単な自己紹介
②この本で何を伝えたいのか
③なぜこの本を書くのか
④「ようこそ、この本へ」という感謝の気持ち

これらを「意識的に書き込む」ことで、あなたがこれから書こうとしているものの基礎の部分が出来上がります。

とにかく書いてみてください。細部の訂正や書き直しは、あとからいくらでもできます。

（文例は第一部にあげてあります）

次に「目次」を作ります。

第一部の表「自分史のスタイル」を参考にしながら、全体の構成を考えます。

あなたが書こうとしているスタイル（形式）はどれですか。あるいは書きやすいと思うのはどれですか。出来上がったものをイメージして、自分に合ったものを選びます。

スタイルを決めたら、さっそく目次を作っていきます。

大事件でなくてもかまいません。自分にとってぜひ書き残しておきたいことを、新聞の見出しのような感じで書き出してください。年の暮れになると新聞に掲載される「今年の十大ニュース」のように書いていくのです。

もちろん、きっちり10項目という意味ではありません。

「私のこれまでの『重大』ニュース」を、どんどん書き出していきます。多い場合は何章かに分けて書いてください。

分け方については 、表「自分史のスタイル」の編年式（年表式）のところを参考にします。

難しく考えないでください。あとでいくらでも変更可能です。分かりやすい言葉で簡潔に、内容を一言で表します。楽しみながら考えてください。

ただし次の点には注意しましょう。

◇ 論文や報告書のような、味気ないものはやめる

◇ 長すぎるもの、奇をてらったもの、むやみに大げさなものはさける

◇ 一般的に読めないような、難解なものは読み手に失礼にあたる
◇ 内容と関係のないものは、真剣に読んでくれる人を落胆させる
◇ 流行語や、どこかで聞いたことのあるものは軽々しい感じになる

何やら禁止事項ばかりを並べたようですが、目次にも品格というものが感じられなければ、読み手に「あ、これ読んでみたい」という気持ちは湧いてきません。

目次の次は、いよいよ本文に取りかかります。

さあ、これから長い長い道のりを歩き出すことになります。

第一部でお話したことを念頭に置き、あなたの書きたいことを、書きたい時代から書きはじめましょう。

難しい顔をして取り組まないで、読んでほしい人に「ねえねえ、私ってこういうことを体験して、それをこんな風に感じてね…」と、話しかけるように気楽に書いていきます。

しかし、普段書く習慣がない方は、いきなり原稿用紙には書けないものです。ノートでもメモ用紙でも広告チラシの裏でも、とにかくあなたが書きやすいと思った紙に書いてみましょう。

目次を書いた用紙を目の前に置き、それを見ながら書きやすい場面から書きはじめます。

書いては破り、また書きなおすという作業を再三繰り返すことになると思いますが、どうか挫折しないでください。私も書き出しの数行だけで半月もかかかりました。頑張ってください。

原稿は原稿用紙かワープロ（パソコン）原稿になると思いますが、これはどちらでも構いません。書きやすい方法で書いてください。

手書き原稿の場合は、努めて読みやすい文字を書いてください。

下書きのままのような原稿、見た目が不潔な原稿はいけません。

編集者や印刷会社が困るような原稿では手間や時間が何倍もかかり、結果として、いいものをじっくり作る余裕が双方になくなってしまいます。

ワープロ原稿の場合は原稿用紙に換算した枚数を明記してください。これは公募の場合なども常識となっています。

原稿の書き方の基本をあげておきます。

◇ 題名と著者名の書き方について

自分史の題名は、一般的には原稿用紙丸々１枚か半分を使います。特に決まりはありませんが、表紙のように１枚を使って書いたほうが、本文の枚数に食い込まなくていいでしょう。

著者名は題名とのバランスを考えながら、同じページに書きます。

◇ 段落について

段落の始まりは、原稿用紙の１番上のマスから必ず１字下げて書きます。段落とは、内容の「ひとまとまり」という意味です。

ひとつの段落には、できるだけひとつの事がらだけを入れます。分かりやすい文章になります。

最初のマスの１字下げをするのは、ここからは違う場面・違う感じ方・違う考え方になっていくということを、ハッキリと読み手に伝えるためです。

◇ 句読点の正しい打ち方

句読点は原稿用紙の１マスを丸々使います。

カッコ、感嘆符、疑問符、「…」などの符号も同じ扱いをします。原稿用紙の１番下のマスに句読点のすぐ前の文字が来たときは、句読点をマスの下にぶら下げるように打ちます。

「自分史かと思って読んだら
な〜んだ、これ自慢史じゃないの」、

◇ 文体は統一します

「～である」とか「～だ」で文を終わることを「である調」の文体と言い、「～です」、「～でした」で文を終わることを「です・ます調」の文体と言います。

ふたつの文体がひとつの作品に混じってはいけません。読み手が混乱してしまいます。

どちらがいいということではありませんから、自分が書きやすい方に統一します。

◇ 飾りの多い言葉や美文調はやめます

簡潔で分かりやすい表現に心がけてください。

回りくどい表現や、もったいぶった言い回し、やたらに美化した書き方では、どんどん「自慢史」に近づいてしまいます。

簡潔に、具体的に、飾らない正直な気持ちで書きましょう。

◇ 辞書を活用してください

書き慣れている人でも、漢字や送りがなの間違いは結構多いものです。分からないとき、あいまいにしか覚えていないときは、面倒がらずに辞書を引いてください。当て字、造語、略字は使わないでください。

正しい文字を使うことが、いい文章を書く基本です。

◇ 固有名詞、難しい漢字にはふりがなを打ちます

自分史には固有名詞がたびたび登場します。

氏名、地名、会社名、団体名、学校名など難しい漢字の場合はもちろん、読み方が一般的ではない場合もふりがなを打ってください。

◇「私」の多用はやめます

「私」という言葉を使いすぎると、幼稚な感じになります。

日本語は主語を省略しても理解できる場合が多いですから、読み直すとき、そこに「私」が本当に必要かどうかをよく考えてください。

書かなくても意味が通るときは、できるだけ省略してください。

◇ 話が横道にそれても、最後は本筋に戻ってください

ひとつの体験やことがらは、さまざまなできごとやエピソードで成り立っています。

それを具体的に書いていくのが自分史ですが、いつのまにか脇役的な話が主役の座におさまっている作品をたまに見かけます。自分史がいつのまにか「他人史」になっているのです。

自分史は、いつも自分を中心に据えて書きます。

自分の視点で書き続けることを忘れないでください。

◇ 会話文を活用します

説明や描写でびっしりと綴られた文章では、読み手は息がつまります。そんな時は会話文を入れることで臨場感を出し、ホッと一息つけるようにします。

会話の中に方言を入れることも味わいが出て効果的です。

◇ 必ず推敲（よく考えて書きなおすこと）をします

文章は何度も読み返し、書きなおしを繰り返して完成させます。

書いた文章を読み返さない人はいないと思いますが、書いてはよく考え、書きなおしてはまたよく練るという作業を怠らないでください。私の知人は最低30回の推敲を自分に課しているそうです。私もだいたい同じぐらいは推敲します。

◇「なぜ」を、心の中に置いて書きます

事実を書きつらねるだけでは、いい自分史は書けません。

なぜ、そうしたのだろう。

なぜ、できなかったのだろう。

なぜ、そう思ったのだろう。

と、「なぜ」を思考の真ん中に置き、自分の心の底を覗いたり、できごとを掘り下げたりすることで、より深みのある自分史が書けます。

◇ 他人の心理を推測の域を越えて書かない

他人の心の中までは覗けません。

たとえ肉親であっても自分以外の人の心理、意見、感想などを断定する形で書いてはいけません。他人の心理はどこまでも推測の形で書くのが、知性と思いやりというものです。

◇ 気負いがあるうちは、いいものは書けない

男性は特に、書くことに対して必要以上に構える傾向が強く、上手に見えるように書こうとします。

うまく書いてやろうと思えば思うほど、文章はつまらなくなります。普通の言葉で分かりやすく書いてください。

偉そうな自分史など、誰も喜びません。

◇ 録音テープの活用

机に向かうと文章が思い浮かばないタイプの人は、録音テープかボイスレコーダーに自分の「語り」を録っておき、それを根気よく文字に換えていきます。

私の教室の生徒さんのひとりは、電話ならスラスラ話せるということで、何かを受話器に見立てて話し、それをテープに録っています。

◇ 書き上げても、すぐには印刷に回さない

気持ちをこめて書き、何度も見直したつもりでも、文章というものは少し時間をおいて読むと、いびつな箇所が出てくるものです。

原稿を書き上げたら最低数日間は寝かせておき、改めてじっくり読み返してください。

頭を冷やして読み返すことで、失敗や書きすぎを防ぐことができます。

◇ 専門家の指導を柔軟に受ける

基本は「書きたいように書けばいい」のですが、専門家から見れば明らかに間違っている書き方もあります。また、差別的なことをついつい書いている場合もあります。

出版するときは、最後は出版社か印刷会社など、専門家の手を借りることになります。

専門家の指導を素直に聞き入れ、読み手の心に届き、書いたことで自分を成長させることのできる自分史を作ってください。

内容別

自分史の書き方のポイント

ここからは､｢内容別｣に自分史の書き方のポイントをまとめました。
復習も兼ねて、参考にしてください。

1. 人生全般を振り返る
2. 特定の期間の経験
（戦争・海外での生活・旅行・闘病・介護など）
3. 専門分野を通して（仕事・研究・趣味など）

1. 人生全般を振り返る自分史

ポイント①

【書きたいことを、書きたい時代（場面）から書きます】

大きな事件でなくても、自分にとってぜひ書き残しておきたいことを具体的に書いていきます。

ポイント②

【時代をきちんと書きます】

それがいつのことなのか。何年前か、何ヵ月前か。

年月日が必要な場合は明記します。

社会現象・事件などをあげて歴史的背景を示す方法もあります。ただし、前後の流れに関係なく登場させるのではなく、それが自分の生活や生き方にどう関わったか、何を感じたのか、社会はどう反応したかなど、文章の流れの一部として取り上げます。

参考文献としては、公立図書館ならどこにでもある新聞の縮刷版や歴史年表、または市販されている「自分史作成用年表」を活用しましょう。

ポイント③

【だらだら書かず、メリハリを効かせます】

強調したい事がらや時期は深く濃く、サラリと通り過ごしてもいいと判断したものは簡潔に書きます。

しかし、心に深く残るできごとだからといって、一部始終を書く必要はありません。

何を書き、何を書かないかは、著者のセンスの見せ所です。

ポイント④

【書くことで傷つく人を作らないよう注意します】

すべてがいい経験であったと完結させる必要はありませんが、登場人物をトラブルに巻き込むような内容や書き方は、極力避けます。

自分史は不満のはけ口や報復の手段ではありません。

実名を書くときは、出来るかぎり登場人物に了解を得てください。

つい忘れがちになる家族や身内にも、できるだけ了解を得ます。

自分だけが読む「日記」ではないことを、常に念頭に置いてください。

書き方によっては裁判沙汰になることもありますから、推敲を重ね、身近な人か編集者に読んでもらい、ていねいに仕上げます。

ポイント⑤

【書き出しは印象的な一瞬から】

生まれた日からカレンダーを追っていくような書き方は、内容が単調になりがちです。

これまでの人生で最も強烈な印象の瞬間から書きはじめると、読み手も興味を持ちますし、著者も書きやすいものです。

ポイント⑥

【書き終わりは、出来るかぎり現在のシーンで】

現在、あるいは現在に近い時点にします。

これからの展望や計画などが織り交ぜやすく、読み手の中でも期待感が膨らみます。

2. 特定の期間の経験を書く自分史・
（1）紀行文（外国生活・旅など）

ポイント①

【ガイドブック調にならないように書きます】

自分の立場を踏まえ、見たもの、感じたこと、さまざまな体験を、自分らしい言葉と表現で書きます。

くれぐれも観光案内にならないよう、注意しましょう。

ポイント②

【地理・歴史・気候・風習なども書きます】

できれば小・中学生にも理解できるぐらいのやさしさ、読みやすさで書きます。マニアックなものを書くときは、自分史以外の手段で。

参考文献の一例として、国内の場合ほとんどの市町村役場に子供向けの案内パンフレットが置いてありますからどんどん活用しましょう。子供向けは新しい調査結果に基づくものが多く、また分かりやすく作られているので便利です。

ポイント③

【写真、新聞記事などを活用します】

写真や記事の効果は大きいものです。

厳選したものを、くどくならない程度に載せます。

地名、人名、歴史、気候、統計など、新しいものを正しく書き、資料の出所も明記します。

2. 特定の期間の経験書く
（2）闘病記・介護記など・

ポイント①

【記憶が鮮明なうちに書く場合】

感情的になりがちです。つとめて冷静に書くよう心がけてください。身内の人物が登場するケースがほとんどなので、作品がもめごとの原因にならないよう、くれぐれも注意深く書きましょう。

ポイント②

【病名や症状の説明はプライバシーの侵害にならないよう留意】

たとえば「これは遺伝性のものである」と言い切るような書き方はタブーです。表現方法を吟味して書きましょう。

病院、医師などの実名を登場させる場合も、慎重に書いてください。

3. 専門家の視点で書く場合

ポイント①

【専門家にしか知りえないことは謙虚に書きます】

自分史は専門誌ではありませんから、その世界をまったく知らない一般の読み手にも理解できるよう、分かりやすく書きます。

難解な専門用語は避けるか、分かりやすい解説文を付けます。ふりがなもこまめにうちましょう。

ポイント②

【論文調に書かないことです】

自分史を書くのですから、普通の生活者としての視点を忘れないようにしてください。

論文、説明文、レポート文などと混同しないように書きます。

「教えてあげる」ではなく、「読んでいただく」という姿勢で書くよう心がけてください。これは発表されることを前提に書かれる文章全般に通じることです。

付記
エッセイの書き方のポイント

「長い自分史を書くのは気が重いけれど、書きためたエッセイをまとめる自分史なら作りたい」という声を、ときどき聞きます。実際に出版されているケースも結構多いものです。

ところが簡単そうに見えても、心を打つエッセイはなかなか書けないもの。子供の作文のような文章では、せっかくの自分史が台無しになってしまいます。

ここでは「エッセイとは何か」から、学んでみたいと思います。

私が愛用している広辞苑には、エッセイは「①随筆。自由な形式で書かれた個性的色彩の濃い散文。②試論。小論」とあります。

また岩波国語辞典によれば「①自由な形式で、気軽に自分の意見などを述べた散文。随筆。随想。②特殊な主題に関する試論、小論」。さらに愛用している「知恵蔵（朝日現代用語）」によりますと、少し長くなりますが以下のように定義、解説しています。

エッセイ

随筆、随想と訳されるのが通例だが、西欧語の原義は「試み」であり、形式にこだわらない自由な書きぶりで感想を述べていくという点で共通といえるにしても、思考をその筋道において「試み」に合わせ、吟味し、検討し、さらに練り上げるというプロセスを指示するためには明らかに原語の方が適切である。

『徒然草』のように、随所に鋭敏な批評的感性が光っている文章ならエッセイと呼ぶにふさわしいが、日常身辺にまつわるあれこれを漫然と書き綴った体の、いわゆる随筆ではそう呼びにくいだろう。

思索の基準としての客観的な体系や公式が疑わしくなっている現在、形式なき形式としてのエッセイの方法は、思考の硬直を防ぎ、知覚をたえず活発に保つために有益である。

軽やかな響きの「エッセイ」という言葉の解説にしては、ずいぶん難解な解説ではありますが、おおまかなイメージはつかんでいただけたのではないでしょうか。

つまり筆にまかせて綴っていく随筆より、書き手の感性が光り、形式にとらわれない、しかもテーマをしっかり見据え、書き手の個性に拠るところの多い文章がエッセイということになります。

よく、エッセイと随筆・随想はどう違うのかと聞かれますが、改めて定義について考えてみますと、その違いは自ずと分かるもの。例えば子供時代に私たちが「行動記録としての思い出」として書いた作文に近いものが随筆・随想。そこに書き手の意見・生き方・感性・知性を意識的に書き込んでいくのがエッセイの手法なのです。

またその難易度に関しては、微妙に分野を異にする二者に対して、安易に高低の価値判断を下すことはできません。ですが、少なくとも大人の書くエッセイは、子供時代に書いたような「楽しい遠足日記」や「夏休みの思い出」風の、「時間というボードに、風景やできごとを書き留めた紙片を貼りつけたごときもの」からは、大きく進歩しなければなりません。

自分自身の体温や感情をも冷静に書き留め、鋭い洞察力で物事を見つめる書き方でなければ、読み手の心を打つ本物のエッセイは書けないのです。

エッセイを書こうと心に決めた時点で、私たちは自分の意見・生き方・感性・知性というものに、改めて目を向けざるを得ないのです。時にはそれがとてもつらい作業になるケースもあるかと思いますが、自分を見つめることを避けていては、本物のエッセイは書けないのです。

では良いエッセイを書くためには、どんなことに心がけるべきか。まずは身近にある新聞や雑誌の中から何編かの作品を選んで読んでみましょう。

現代は新聞にも雑誌にも、エッセイの欄が必ずと言っていいほど設けられています。著名人の身辺雑記、健康、ファッション、ダイエット、ショッピングに関するエッセイなどなど、私たちの手の届くところでたくさんのエッセイたちが読まれるのを待っているのです。

注意深く読んでみましょう。すると、これまでほとんど無意識に読んでいた新聞や雑誌のエッセイも、なるほど一定のルールを守っていることに気づくものです。

何気ない身辺雑記の中にも、キラリと光る書き手の感性、人間性、普遍性などがさりげなくちりばめられています。

またエッセイの名手と言われる書き手の作品を読んでいると、書き手の視線と読んでいる自分の視線がいつのまにか重なり合い、うなずいたり、ほくそ笑んだり、ときには思わず膝を打つ、などということも体験できるはずです。

もちろん、中には事実の羅列や常識論に終始するような書き方のものもあり、がっかりさせられることもあるでしょう。そういう文章は、本来ならエッセイの領域に入れてはいけないものなのです。エッセイのふりをした日誌、記録、あるいは論文やレポートと呼ぶべき文章なのです。

いかにも立派そうに見える美文や、難しい字句を多用しただけのエッセイ風文章も世の中にはたくさんありますから、誤魔化されないようにしたいものです。

良いエッセイではいつも書き手が中心にいることを忘れず自分不在の文章を書かないようくれぐれも気をつけてください。

また、書いているうちに陥りやすい失敗のひとつに、自分の意見を絶対視してしまう、ということがあります。意見はあくまでも意見です。世の中にはさまざまな考え方、感じ方があることを常に念頭に置き、謙虚な気持ちで、自分しか書けない内容を誰にも分かるように書きましょう。

また、ひとりよがりの文章にならないよう、エッセイの書き手は常に人間を深く見つめ、時代や社会の空気にも敏感でありたいものです。

エッセイを書くときのコツ

コツ①　多くを書きすぎないことです

ひとつの文章に、体験したことや感じたことなどのすべてを書くと、かえって何を書きたいのか分からなくなってしまいます。

幕の内弁当ではなく、「一品料理」のように主題を絞って書きます。話の流れに必要のない箇所は思い切って切り捨てることで、ぜい肉のないシャープな文章になります。

コツ②　気取った書き方はしないことです

普段の会話はざっくばらんにできるのに、文章となると途端に気取る人がいます。しかし、うまく書いてやろうと意識するほど、文章はつまらなくなっていくもの。

美辞麗句を並べたり、難解な熟語や漢字を使ったり、簡単なことをわざわざ難しく書くのは読み手に失礼というもの。気取った文章など誰も読みたくはありません。読み手はわかりやすさを求めているのですから、背伸びをせず、素直に、やさしく書きます。

コツ③　抽象的な言葉は、できるだけ使わないことです

「素晴らしい、感動的、優しい、美しい、悲しい、面白い、明るい」などは曲者です。会話では通用しますが、文章にすると具体性に欠ける言葉です。

文章は具体的に書くことを、いつも念頭に置いてください。

幕の内弁当の好きな人もエッセイは「一品料理」で！

コツ④　文体は統一します

「です・ます調」、「で・ある調」は、どちらがいいということではありません。自分に合っている、書きやすいほうで書きますが、ひとつの作品の中では統一します。これは基本中の基本です。

コツ⑤　声を出して読んでみます

流れがゴツゴツして、書いている当人も、途中で何が書きたいのか分からなくなることがあります。

そんな時は声を出して読み上げると、つまずいている箇所に気づくものです。

途中で混乱しなかった場合も、書き上げたら朗読してみましょう。見落としていたミスを発見できます。

コツ⑥　会話文のあと始末を工夫します

会話文のあとの、「～と、○○が言った」、「～と言いました」は、本当に必要かどうかよく考えてください。話の流れから、誰が言ったかを推測できるものが多いはずです。

毎回「～と言った」、「～と言いました」で終わらず、「」だけでスッキリ終わる書き方も身につけてください。より大人の文章になります。

コツ⑦　文末を単調にしないように心がけます

軽妙な文章は、文末（ひとつの文のしめくくり）に変化があります。体言止め、疑問形、過去形、現在形などを使い分けることで、より洒落た文章になります

コツ⑧　あまりにも平凡な内容はやめます

どこを切っても、誰もが考えているようなこと、誰もが知っているようなことが出てくるような内容は書かないことです。

奇抜な話や大事件でなくてもいいですから、「自分にしか書けないことを、誰にも分かるように書く」のが、エッセイです。

コツ⑨　ユーモアや機知を織り交ぜます

最初から最後まで理路整然・四角四面の書き方では、読み手は退屈してしまいます。少し書き慣れてきたら、上品なユーモア、機知に富んだ会話などを織り交ぜます。

コツ⑩　プライバシーに触れることは書きません

書かれた人のことを思いやる心の豊かさがなければ、文章全体も冷たく、薄っぺらなものになります。

エッセイは基本的には事実のみを書きますが、自分と登場人物との具体的な関係や実名をそのまま書くと、不都合な場合も出てきます。そんなときは少しアレンジするか、「ある女性が」とか「古い知人のひとりが」のように、書き方をぼかします。

コツ⑪　書きはじめのヒントと文例

書きたいテーマ（主となる話）はあっても、書き出しのきっかけがつかめないときがあります。

書き出しのパターンをいくつかあげてみました。ぜひ参考にしてください。

■日常の、ほんの小さなできごとから入る

例）　友人と、バーゲンセールに出かけた。

■見聞きした、あるいは体験した風変わりな話から入る

例）　駅のほうから、女性が泣きながら走ってくる。

■異様な光景に対する驚きのシーンから書く

例）　１年ぶりに会った母は、まるで別人だった。

■めずらしい実例を説明するところから入る

例）　4月になったというのに、朝から雪が降っている。

■事実そのものから淡々と書く

例）　私の兄は高校の教師をしている。

■自分の過去の経験から書き、話をテーマに近づけていく

例）　5歳の夏、川でおぼれたことがある。

■関連した格言や引用文から入る

例）　「老いては子に従え」は、父には通用しない。

■いきなり会話文から入る

例）　「あなた、めずらしい方から手紙が来てますよ」

■内容の予告を最初にしておく

例）　二泊三日の東北旅行の思い出である。

■自然の描写から入る

例）　庭のキンモクセイが可憐な花を咲かせている。

コツ⑫ 書き終わりのヒントと文例

印象的なラストは文章全体を引き締め、余韻を残します。
これもいくつかパターンをあげました。参考にしてください。

■ 反省・自戒の言葉で謙虚に終わる

例） 妻への「ありがとう」が、なかなか言えないのである。

■ 読み手に訴える書き方で、文章に影響力を持たせる

例） 私の思いが届くことを、願ってやまない。

■ 読み手への要望で終わり、問題提起する

例） 電車の中は公共の場であることを知ってほしい。

■ 説教調にならない程度の名言・格言で終わり、全体を引き締める

例） 「人を見たら泥棒と思え」とは、淋しい世の中である。

■ 感謝の言葉で終わり、ほのぼのとした余韻を残す

例） 短気な私につきあってくれる夫に、感謝しています。

■ 疑問の提起をすることで、読み手の心に入っていく

例） 結局、得られたものは何だったのだろう。

■ テーマを強調をすることで、分かりやすくまとめる

例） 人を信じる大切さを、改めて知ったのである。

■ 全文のまとめを書くことで、安定感を感じさせる

例） つまり私の幸福は、目の前にあったのだ。

■ 素直な感想を述べることで、共感を覚えさせる

例） 祖母の生活の知恵には、いつも感心させられる。

■ 自然描写などを書き添え、ゆとりを感じさせる

例） せみしぐれの公園を、ゆっくり歩いた。

たったひとつの物語

あとがきにかえて

たったひとつの物語

あとがきにかえて

ラジオ番組でたまたま自分史について話した帰り道。デパートの地下で買い物をしていたら、背後から、中高年と思われる男性の大きな声が聞こえてきた。

あまりの大声に振り返ると、手土産を買った売場に道案内を頼んだものの、知らないと言われて困っているらしい。男性が何度もくりかえしていた町名は、私がよく知る町だった。

急いで会計をすませ、「あのう、私分かりますから」と割り込んでいくと、背広姿に真新しい青いリュックを背負った70歳ぐらいの男性が、「おお、これは助かります」と、本当に嬉しそうなお顔をされた。

話し好きの方のようで、とりあえず並んでエスカレーターで地上に出て、私が手帳に簡単な地図を描いている間も、10メートル先からでも聞き取れそうな張りのあるお声で、ご自分のことを話される。

何でも、横浜から名古屋に住む旧友を訪ねてきた。

84歳の自分は一週間前、医師からガンを宣告された。

入院はしない。残された日々は全国に散らばっている友人を訪ねる旅と決めた。その日が第一号ということだった。

「あなたのような親切な女性に会えて、こりゃ幸先がいいなあ」

どう見ても70歳代にしか見えない男性は、起立の姿勢から深々とおじぎをすると、ワッハッハと豪快な声でお笑いになった。

大きなリュックが揺れる背筋の伸びた後ろ姿を見送りながら、私は「人生とは、なんておもしろく味わい深いものなのだろう」と思わずにはいられなかった。

そんな味わい深い人生の、忘れられない部分をすくいあげ、「世界でひとつだけの物語を紡いでいく」のが、自分史の執筆である。

自分の人生を愛し、自分を取り巻く人たちを愛せる人だけが、自分史の書き手になれるのだと私は思う。

あなたが、かけがえのない一冊を書きあげられ、また新しい一歩を軽やかに踏み出されることを、心からお祈りしています。

内藤洋子

著者プロフィール

内藤洋子
(ないとう ようこ)

エッセイスト

1949年、名古屋市生まれ。
金物店経営、愛知県警察職員などを経て、40歳から文筆業。
日本ペンクラブ会員
中日文化センター講師（講座名 だれにも書ける自分史・エッセイ）
明るく元気な講演も、全国で好評を博している。

著者の本

「わが故郷は平野金物店」 NHKドラマ新銀河・原作本！
「おんな三四郎83歳宙をとぶ」 感動の聞き書き！
「握手して下さい」 わが故郷は平野金物店の続編
「夢さえあれば」 洋子のパワフル痛快エッセイ！

あ、これならわかる
自分史の書き方

2002年3月29日　初版第1刷発行

著　者　　内藤 洋子　Yoko Naito

発行人　　前田 哲次　Tetsuji Maeda

発行所　　KTC中央出版
〒460-0008　名古屋市中区栄1-22-16
TEL 052-203-0555
〒163-0230　東京都新宿区西新宿2-6-1-30
TEL 0120-160377（注文専用フリーダイヤル）
振替　00850-6-33318

印　刷　　図書印刷株式会社

乱丁・落丁本は、ご面倒ですが小社までお送りください。
送料小社負担にてお取り替えいたします。
価格はカバーに表示してあります。

ISBN4-87758-238-X C0095